社会学者の見た
マルクス
その生涯と学説

フェルディナント・テンニース [著]

片桐幸雄 [訳]

Ferdinand
Tönnies

1921: Marx, Leben und Lehre, Jena : Lichternstein

社会評論社

私の長年の友人、
哲学者、社会研究者、社会政策家にして
労働運動、組合運動の先駆者である
フランツ・シュタウディンガーに
その 1919 年 2 月 15 日の 70 歳の誕生日への
遅れてしまった贈り物として
献ずる

これまでのすべての社会の歴史は階級闘争
の歴史であるとする、マルクスが『共産党
宣言』で立てた命題は、結局二つの根本的
に異なる闘争形態を一緒にしてしまうもの
であった。

F・シュタウディンガー

はじめに

　マルクスに関する文献[1]はあふれるほどに多い。また、あらゆる先進諸国の言葉を含む多くの言語でもって書かれた、雑誌、新聞の論説、論文もある。これらを含めればとりわけそうである。それを読破することが若い人たちにとっては生涯の課題となるほどだ。したがって、ここにまた小冊子を一冊加えるとなれば、著者としてはその釈明をしなければならないと感じることになる。ただ、たとえすでに文献があふれるほどであったとしても、この釈明はそんなに難しいことではない。マルクスという人物の人間性について知っておいた方がいいこと、そして思想の世界をかつて激しく揺さぶり、今もなお揺さぶり続けている彼の考えの核心、この二つを同時に論じる小論を、教養と知識欲とを持った多くの人に読んでもらうことは依然としてなお意味のあることだと思えるのである。

　周知のことではあるが、数年前、マルクスの生涯に関するフランツ・メーリンクの著書が出版された。多大な労力と極めて深い学識でもって書かれたものである。包括的な著作であり、

---

(1) エルンスト・デュラーンの『伝記的・書誌的資料に見るマルクスの経歴』（ドイツ政治・歴史出版協会（有）刊、1920 年、総 59 頁）のうち、マルクス自身に関する書誌は、マルクスがあちこちに書き散らかした小論文や新聞の論説などのリスト、手紙の宛先及び発信日と（当然のことながら、完全なものではないが）個々の手紙のリストが収められているため、きわめて価値の高いものとなっている。これに対して、その Ⅳ 章及び Ⅴ 章 ― マルクスを論じた文献の書誌 ― は全く不完全であり、この本よりも、それ以前に出されたものの方がまだ優れている。

その本質からして、マルクスの著作についても綿密に論じられているが、メーリンクは、収集した資料が著しく多くなってしまったために「偉大な著述家の伝記を書く場合の習慣的な副題である『その人生と著作』の後半部分を圧縮することになってしまった」（序言、Ⅶ頁）と言う。このメーリンクの著作と争おうという意図は、私にはない。私は、メーリンクの著作から得たものについて感謝するものであり、本書では Mg という記号を付けて、何回かこれに触れている。

　マルクスの人となりと作品とを特別の関心を持って研究しようとするならば、メーリンクによるマルクスの伝記を細部までしっかりと学びとる必要がある。そうすればまた、マルクスの人間性にかかる矛盾を見過ごすこともないであろう。この矛盾はマルクスの支持者達の間でも意見が大きく割れているものであり、単に文献上のみならず、政治上も重要な意味を持っている。

　メーリンクは、若かった頃、まずトライチュケが行った社会主義への攻撃に反論し、そのあと、国民自由党の立場から社会民主主義について論じたが、最後は、ローザ・ルクセンブルクとカール・リープクネヒトの親密な友人であった。メーリンクのマルクス伝の第二版を編集したのは、メーリンクの遺言執行人であるが、彼の断言するところによれば、メーリンクは、彼の友人であったローザとカールが「死んだときに」、逝ったのであり、エーベルト、シャイデマン、ノスケの社会主義政権がメーリンクの命を奪ったのである。メーリンクの本を読んで、スパルタクス的傾向がこの本を強く彩っていると思う読者はいないであろうが、この本は実際は熱烈な共産主義者の著作なの

である。

　無政府主義者バクーニンやラッサールについては、この二人の名前にマルクスを重ね合わせて、敵意のある批判があった。メーリンクは二人をこの批判から擁護しようとしている。本書ではこのような論点には立ち入らない。対象を枢要な事項に限定するためである。

　本書はまた、アメリカ人ジョン・スパーゴの『カール・マルクス　人と作品』（ドイツ語版はライプチッヒ、1912 年）を無用のものとしようというものではない。この本は、たとえ全てにわたって信頼できるというわけではないにしろ、素晴らしい著作である。スパーゴの本は 345 ページの分量がある。もっとも、メーリンクの本に至ってはさらに分厚く、544 ページもある。スパーゴもまた共産党員として書いているが、マルクスに対する彼の理解はメーリンクのそれとはかなり違っている。スパーゴの著作はメーリンクのものに先行している。メーリンクはそれを、価値のない寄せ集めであるとしているが、これは明らかに不当な評価である。

　メーリンクの死後、グスタフ・マイヤーによるフリードリッヒ・エンゲルス伝の第一巻『エンゲルスの青春時代　1820 － 1851』（ベルリン、ユリウス・シュプリンガー書店、1920 年）が出版された。これはきわめて内容豊かにして批判的精神に貫かれた著作である。マイヤーのエンゲルス伝が完成すれば、ドラマの主人公であるマルクスより先に、いつもその主人公を仰ぎ見ていた随伴者であるエンゲルスに対して、スケールの大きな書物による記念碑が献じられることになるように思われる（本書では何回かＭｙという記号でもってこの伝記の第一巻に

はじめに　7

触れている）。

　このような著作と比べると、本書のような小さな論稿では限られたことしか語れないし、またそうするつもりである。マルクスの著作について厳密な研究をしたり、彼の生涯とその著作に関する膨大な文献を読んだりするためには多くの時間と労力を必要とする。しかしマルクスを知るためにそれだけの時間と労力を向けることのできない人や、またそういう意志のない人もいる。この論稿は主としてこうした人たちのために書かれたものである。

　ウィルブラントとビールの著作の目的もこれと似ている[2]。しかし、彼らと私はおそらく共存しあえるだろうし、彼らの著作と私の以下の論稿とを併せて読めば、読者の多くはこれらが互いに補完しあっているのを見いだすであろう。私はそう確信する。ただ、前もって判断することは差し控えたい。

　ウィルブラントは自分の著作を「概説のための試論」と呼んだ。私はウィルブラント以上に、対象をマルクスの生涯の簡単な説明とその学説の再録に絞り込んだが、それでも私はこの論考を「紹介と評価のための試論」と名付けたいと思う。厳密な意味での批判は最後の方の僅かなページに付加してあるだけである。

　この論考のこうした限定の中でも、なお、私は次のことを期待している。ウィルブラントの著作の中にはマルクスだけでなく、ウィルブラントもまた姿を現しているが、私のこの論考の

---

(2) ウィルブラント「カール・マルクス」（『自然と精神世界から』621 号）ライプツィッヒ、1918 年
　ビール『カール・マルクス—その生涯と学説』ベルリン、1919 年

なかにも私自身がいることを明瞭にそして十分に読み取ってもらえるのではないか。42年以上にわたって、自分の考えの特性と自立性とを失うことなしに、マルクスを理解し、彼から学ぶことを心がけてきた私自身を、である。

　同じことがビールの簡潔な著作についても言える。私は本書を書き終えた後になって初めてビールの著作を知った。彼の著作は分量についてみれば、本書よりもっと短く、また考察の観点も幾分異なっている[3]。

　私は、上述した全ての著作からも、マルクスに対する批評で、私の知っている全てのもの——それらののなかでは、ゾンバルト、ツガン＝バラノフスキー、及びマサリクによるものが強調されてしかるべきだが——からも、同じ様に、可能な限り距離を置いた。私は原典に、つまりマルクス自身が書いたものに拠った。マルクス個人の成長についての最も重要な事柄も彼が書いたものから読みとることができる。そういうわけで、ここで私が提出しようとするものを、作成者自身は報告テーマの陰に引き下がるようにしている忠実な報告書であると紹介してもいいのではないかと考えている。

　拙著『ゲゼルシャフトとゲマインシャフト』の第1版は1887年に出版されたが、その時は「経験的文化形式としての共産主義と社会主義」という副題をつけた。その序文でも私は

---

(3) マルクスを論評した者との論争は本書では意図的に避けた。最も重要な批評者や解説者（エンゲルス、カウツキー、ベルンシュタイン、メーリンク、マサリク、ゾンバルト、フォアレンダー、シュルツェ＝ゲベルニッツ、ツガン、シュタウディンガー、プレンゲ、クーノーなど）の何人かに関しては、マルクス主義について論じることになっている別巻でまた取り上げようと考えている。

はじめに　9

次のことを強調しておいた。「研究にあたっては、3人の傑出した著述家のそれぞれ内容の全く異なった著作から、きわめて深い影響を受けた。それは刺激的、啓蒙的かつ確信的な影響であった。その3人とは、サー・ヘンリー・マイネ、O・ギエレク、そして、私が一番重要視した（経済学的）見解に関しては、最も注目すべきであると同時に最も深い内容を持った社会哲学者である、カール・マルクスである」。私はまたそこでは、マルクスを、資本主義的生産様式の発見者、一つの思想を創出しそれを明確化しようとした思想家、と呼んだ。その思想は、今度は私が、自分で新たな概念を形成することによって、自分なりの方法で表現したいと思っている思想でもある。『ゲゼルシャフトとゲマインシャフト』の本文中でも私は多くの箇所でマルクスの優れた業績に言及している。

このことから、シェッフルは（『ゲゼルシャフトとゲマインシャフト』に対する、後になってからの批判のなかで）、私には「少なからざるマルクス崇拝」が見られると思い込んでいる。これは全く根拠のないことであり、事実だけに即して見るならば、ほとんど生じるはずのないものである。私はそのような熱狂にとらわれたことは決してない。私がマルクスの名をどういう関連で引き合いにだしたのかを考えれば、それだけで私はこのような批判から免れるはずである。私は、自分の考えを構築していくにあたって負うところがあった著述家として、コント、スペンサー、シェッフルそしてワーグナーの名も挙げている。シェッフルも、である。ただ、いうまでもなく第一番目にではないが。

その時以来、マルクスについて、またマルクスの重要性につ

いて、自分の判断を大きく変更することになるほど、多くのことを学んだとも、また熱心に学び直したとも言えない。ただ当然のことではあるが、当時はできなかったことがある。マルクスは、ユートピア的な幻想を決定的に克服することに骨を折り、またそのことを誇りにしていたが（当時私はそう書いた）、こうした努力や誇りにもかかわらず、彼の思想は、明晰さを欠いた未熟な頭脳を興奮させ、動揺させるのに、なんと適していたことか。そして、マルクス自身はきわめて純粋かつ厳密な認識に向けて没頭したが、その頭脳にはなお青年期の興奮と動揺がいかに多く残っていたことか。これを判断することが当時の私にはできなかった。

フェルデナント・テンニース

社会学者の見たマルクス──その生涯と学説
＊目次＊

巻頭言　*3*
はじめに　*5*

第Ⅰ部　生 涯

1．共産主義者たらんとの決意と、フリードリッヒ・
　エンゲルスとの出会いまで（1819-1843年）……………17
　　青年期　*17*
　　『ライン新聞』　*21*

2．疾風怒濤－ロンドン移住まで（1843-1850年）…………36
　　エンゲルスとの出会い　*36*
　　プルードン批判　*52*
　　亡命職人たち　*58*
　　『共産党宣言』とパリ追放　*70*

3．『経済学批判』、『資本論』第1巻の完成まで
　　（1850-1867年）……………………………………………84
　　『フランスにおける階級闘争』と『ブリュメール18日』　*84*
　　「ニューヨーク・トリビューン」の通信員　*93*
　　『経済学批判』と『資本論』　*99*
　　国際労働者協会（インターナショナル）　*111*

4．その死まで（1867-1883年）………………………………120
　　パリ・コンミューンとインターナショナルの終焉　*120*
　　マルクスの死　*133*

第Ⅱ部　学説

Ⅰ. 経済学批判、価値理論　　　　　　　　　　　　　　143
　　価値　143
　　剰余価値　150
　　生産性の発展　159
　　本源的蓄積　168

Ⅱ. 平均利潤の謎　　　　　　　　　　　　　　　　175
　　価値理論と経験的事実の対立　175
　　利潤率の低下　179

Ⅲ. 資本主義的生産様式とその発展　　　　　　　　183

Ⅳ. 唯物史観　　　　　　　　　　　　　　　　　　206
　　ヘーゲルを清算するものとしての唯物史観　206
　　弁証法　216

Ⅴ. 批判　　　　　　　　　　　　　　　　　　　　221
　　短い（9つの）批判　221
　　マルクスの偉大さ　248

　　　　　訳者あとがき（解題）　252
　　　　　　テンニースにとってのマルクス　252
　　　　　　翻訳について　260

　　人名索引　266
　　事項索引　272
　　　原著索引にはない事項にかかる索引　274

第I部　生涯

マルクスの生涯は四つの期間に分かれる。この期間は明確に区切られる。第1期は、エンゲルスと友人になり、「共産主義者たらん」との決意をした青年時代までである（1818-1843年）。第2期は疾風怒濤の時代であって、このドイツ人革命家がロンドンに居を構えるまでである（1843-1849年）。第3期は、画期的な著作『資本論』の第1巻が初めて出版されたことによって区切られる（1867年）。そして第4期はその死によって終わる（1883年）。

1. 共産主義者たらんとの決意と、フリードリッヒ・エンゲルスとの出会いまで (1819-1843 年)

青年期

　ハインリッヒ・カール・マルクスは 1818 年 5 月 5 日にトリーアで生まれた。早熟な子供であり、早熟な青年であった。その出自と最初の環境は、彼の精神的成長にとって幸いした。弁護士であった彼の父は、フランスとドイツの双方の教養を併せ持ち、大革命とナポレオン時代の影響のもとで育った。善良なプロイセン人であり、プロイセン人としてホーエンツォレルン王家にも好意的であったが、その他の点では自由思想の持ち主であった。マルクスの母は心根の優しい、穏やかな人だった。家庭は、飾り気がなく、市民的で、裕福であった。

　こうした暮らしのなかで、一家はルター派のプロテスタント、連合プロテスタント教会に改宗した。このことは、外面的には重大なことであったが、家庭内においては大きな意味はなかった。しかし、この夫婦は二人とも古くからのラビの家系の生まれであったから、それだけにやはり驚くべきことであった。

　マルクスの生徒時代のことについてはほとんど知られていない。ユダヤ人の血を引くこの若いプロテスタントはもっぱらカソリックの僧侶から授業を受けたのであろう。――こうした宗教上の多様性のなかでは、考えることへの刺激に事欠くことは

なかった。マルクスは僅か17歳で卒業資格試験に合格した。このことから彼がギムナジウムの優秀な生徒であったことが推察されるであろう。

　マルクスは法学部の学生としてボン大学に入学した。彼の父はおそらく、この有能な息子がいつかは彼の仕事を継ぐと考えていたのであろう。あるいは、息子がプロイセンの行政機構のなかで出世していくことも、この父にとってはかえって望ましいことだったのかもしれない。しかし、マルクスは単に有能なだけではなかった。彼には天才ともいえる資質があった。彼の関心は多方面に及んだ。抒情的な詩を作ることが大好きだった。哲学を研究することは、当時の大学生にとっては、愚か者でもなければ、当たり前のことであった。ヘーゲルが思想界と大学の教壇をまだ支配していた。そして青年ドイツ派が登場していた。

　七月革命以来、政治的運動が、とりわけラインラントとプロイセンの首都ベルリンで進んでいた。憲法、議会、市民的自由、これが運動を前進させたスローガンであった。フリードリッヒ・ウィルヘルム三世の長い治世の終焉と皇太子の即位とによって期待が大きくかきたてられたが、これはすぐに裏切られた。フランスとイギリスでは労働者階級が激しく扉をたたいていたが、国民的統一と立憲国家を求めていたドイツ市民階級は、その先鋭な部分においては、既にこの労働者階級の要求を自らのうちに取り込んでいた。それだけに、強まりつつあったドイツ市民階級の自意識は、このことによって一層激しく沸き立った。当然のことながらこのことは、資本と労働の、そしてブルジョアジーとプロレタリアートの潜在的な対立が明確に意識される

18　第Ⅰ部　生涯

ことなしに、生じた。

　三月革命［1848 年］以前のドイツにおいては、神学の研究がなお他のすべての研究を凌駕していた。哲学に重要性を与えたのは、哲学の神学に対する関係であった。ヘーゲルの死後、ヘーゲル学派の大きな問題は信仰と教会とに対する関係であった。『イエスの生涯』（1835 年刊）の公刊によって大きな震撼をもたらしたのは一人のヘーゲリアンであったが、このヘーゲリアン、ダーフィット・フリードリッヒ・シュトラウスは、当時フランスで生じつつあった議会内の諸党派になぞらえて、学派の内部を右派、中間派、左派と呼んで区別した。

　ヘーゲル左派は 1840 年頃に生まれたが、既存のあらゆる生き方やものの見方に対して、絶えずより先鋭的な攻撃を行っていた。先頭に立っていたのは依然としてやはり神学者であった。その中に知力と精力とで抜きん出た人物が二人いた。ブルーノ・バウアーとルートヴィッヒ・フォイエルバッハである。彼らはまた、我々の主人公であるマルクスにとっても重要な存在となった。

　マルクスは、ボンで最初の学年を終えて 18 歳でベルリン大学に移ったときに、10 歳年上のバウアーと知り合いになった。バウアーは、神学の私講師で、頭のなかはヘーゲルの概念で一杯であった。マルクスは指導者としての父を 1838 年に失った直後であったが、この血気にはやる若者には、他の人間の場合以上に、指導者が必要であった。

　ただし学生マルクスは将来の人生の伴侶をもう熱愛していた。それは幼なじみの、イェニー・フォン・ヴェストファーレンである。彼女はラインラントの明るさを持った素晴らしいド

1.共産主義者たらんとの決意とエンゲルスとの出会いまで（1819-1843 年）　*19*

イツ女性であった。家庭外では苦難に満ちた人生を送ったマルクスであったが、イェニーは彼の人生の太陽となった。

マルクスの学生生活は、イェナ大学での哲学博士号の学位請求論文『デモクリトスとエピクロスとの自然哲学の差異について』の提出でもって終わった。それは、1841 年 4 月 15 日に「本人欠席で」なされた。

ヘーゲリアンであったマルクスの目標は哲学の大学教授資格を取得することであった。しかし、これに続いたのは失意と動揺の日々であった。マルクスは学究生活に入ることはなかった。学究生活というバラの木についている多くの棘を、それが大きくなる前にマルクスは感知していたのである。

マルクスの友人であったブルーノ・バウアーは 1831 年に全3 巻の『共観福音史家の新教史批判』を公刊したが、これが原因で彼は、プロイセン文部省の訓令によって、ボン大学での「教授資格」を剥奪された。このことは、マルクスに深刻な影響を与えたにちがいない。バウアーは、彼を教授にしようと考えていた文部大臣アルテンシュタインに勧誘されて、ベルリンから私講師としてボンに移っていた。バウアーは、年若い友人であるマルクスに対して、自分のところに来て一緒に急進的な雑誌を出版しないかと熱心に働きかけていたのである。

マルクスはまだ、実生活においては堅実な道を探そうと考えていた。婚約者や母親に対する気遣いが、これまで続けてきた研究をそうした方面で役立てたいという考えを起こさせた。もちろん、マルクスは法曹試験にまだ合格していなかった。バウアーは、こうした「意図」を「馬鹿げた」ことだとし、「今や、理論は最も強固な実践活動なのだ。理論が実際にいかに重要な

20　第 I 部　生涯

意味を持つようなるか、我々はまだ全く予想できない」と説いた。マルクスはまだ四方をブルジョア社会の壁に囲まれて暮らしていた。マルクスは、婚約者の父にして「誠実な父親のような友人」であった枢密顧問官、ルートヴィッヒ・フォン・ヴェストファーレンに、公刊を準備していた学位請求論文を献ずるつもりだった。

　バウアーの考えによれば、彼の企画していた雑誌の急進性は、著名なヘーゲリアンであったアーノルド・ルーゲの機関誌『ハレ年報』の先を行くはずだった。もっとも、マルクスがこのバウアーの雑誌に強い興味を持っていたかどうかは、疑わしい。

　バウアーの計画が水泡に帰したのは、彼が遭遇した運命の結果であるが、マルクスにとってもこれは決定的なものとなった。上述のように、この事件はマルクスから学究生活に対する関心を奪い去った。マルクスは、政治的な見地からではなく、哲学上の見地から——ただそれはまだ青年ヘーゲル派的なものではあったが——学究生活を拒否する覚悟を決めたものと思われる。こうしてマルクスは「職業の選択を誤った者達」の道をとることになった。彼はジャーナリストになった。もちろん特殊なタイプのジャーナリストである。彼の実際の職業は、在野の研究者兼フリーの著述家であったといえる。

『ライン新聞』

　『ライン新聞』は、ラインの富裕な市民によって作られた。評価の高かった『ケルン新聞』は、当時教皇権至上主義的論調を張っており、プロイセン政府はこれを潰そうとしようとして

1．共産主義者たらんとの決意とエンゲルスとの出会いまで(1819-1843年)　*21*

いたことから、その限りで、『ライン新聞』はプロイセン政府の厚遇を受けていた。南ドイツ及びオーストリアには、以前は『アウグスブルガー・アルゲマイネ』紙、のちには『ケルン新聞』があった。『ライン新聞』は、プロイセン及び北ドイツにとってそういう新聞になるはずであった。

　『ライン新聞』の記事のなかのマルクスが書いたと分かっているものを読んでみると、マルクスに与えられた主要テーマがたとえ第6回ライン州議会での討議であったとしても、彼が哲学者であることが隠しようもなく見てとれる。だがマルクスが面目躍如となるのは、『ケルン新聞』の社説を攻撃したり、哲学の宗教に対する関係を論じたりするときであった。ある時、マルクスの幼ななじみは、哲学というものは宗教に関する事柄を新聞記事でまで論じるべきものなのか、と問うたほどだ。マルクスは自分の思うがままに書いた。

　これと関連して、もう一つの疑問がある。それは、いわゆるキリスト教国家において、新聞で政治を哲学的に論じることができるか、ということである。若き思想家マルクスは、自由主義者として、そしてヘーゲル的傾向が強かったが、啓蒙思想家として、政治と宗教を卓抜した機知でもって論じた。マルクスの啓蒙思想では、国家は「巨大な機関であって、ここでは、法的・道徳的・政治的自由が実現されなければならず、そして個々の国民は、国法の枠内で、自らの理性、人間としての理性という自然法にのみ従う」と見なされた。

　マルクスはフーゴーを完璧な懐疑論者としたが、歴史哲学派の哲学的宣言、すなわちフーゴーの自然法も、マルクスは同じ論調で厳しく批判する。

22　　第Ⅰ部　生涯

カントの哲学がフランス革命のドイツ的理論であるのと同様に、フーゴーの自然法はアンシャン・レジームのドイツ的理論であるとみることができる。杜撰な凡庸さがその特徴である。これが、歴史哲学派の遅れてやってきた大物達がやる、もったいぶった大袈裟なもの言いの背後にいつも隠れている。

また『アウクスブルガー・アルゲマイネ』紙が、『ライン新聞』は共産主義に与しようとしていると批判したが、これに対してマルクスは、自分は進歩的自由主義者であると自らを弁護し、次のように言う。

『ライン新聞』は「現在の形での」共産主義に対しては理論の上でさえ現実性を認めたことはない。それ故、ましてやそれが実践の上で現実のものとなることを期待するはずがないし、それが可能だと考えるはずもない。『ライン新聞』は（つまり、マルクスは）しかしこの思想を——ルローやコンシデランの著作や、とりわけプルードンの先鋭的な作品（『所有について』を指す）といったものを——根底的な批判にさらしてみたいと思う。「本質的な危機」を作り出すのは、実践的な試みではなく、理論の完成である。「なぜなら、実践的な試みに対しては、たとえそれが大衆を動かす試みであっても、それが危険なものになれば直ちに大砲でもって、これに応ずることができる。しかし、思想というものは、それが我々の知性を征服し、我々の考え方を支配し、理性がわれわれの心をそれに縛り付けるとなると、心を引き裂くことなしにはそこから逃れることのできない鎖となり、服従することによってしか征服することのでき

ない悪魔となるからだ」。

　力のこもった、暗示的な言葉である。若く揺れ動くマルクスの精神が、自分がもう共産主義思想に捉えられたと感じとっていたことが、そして、共産主義思想は、一瞬のうちに通り過ぎていく驟雨のように、彼の将来の運命を思わせる風のように、マルクスに触れたということが、このことから言えるであろう。

　ずっと後年になってからマルクスは、この当時の自分の発言のなかには、まだ「告白」があるだけだったとした。つまり、それまでの自分の研究では、フランスにおける諸潮流の考えに関して自分で何らかの判断を下すということはまだ許されなかったという「告白」である。

　しかし、マルクスは「彼を襲った」疑問を解こうとした。マルクスは上述の論争で、「人間の理性の客観的認識に対するその人間自身の主観的願望の反乱を引き起こす良心の不安」について語っている。この段階ですでにはっきりしていることは、マルクスが「イギリスとフランスにとっての現下のきわめて深刻な問題」としての共産主義に関することを読んでいたということと、「英仏両国民がそのことの克服のために努力している諸問題」が彼の精神に深い印象を残したということである。

　シュレスヴィッヒ・ホルシュタインの人、フォン・ロレンツ・シュタインの書いた『現代フランスにおける社会主義と共産主義』はドイツの学界にとって画期的なものとなった本であるが、マルクスは『ライン新聞』にこの本の短い案内を寄せた。ゾンバルトは他の論者とともに、この本はマルクスにとって大きな意味を持ち、後々まで彼に影響を与えたに違いないと指摘している。マルクスがこの本の中で見たのは、社会主義が科学、あ

24　　第Ⅰ部　生涯

るいは哲学的体系といわれているのに対して、共産主義が、特定の目的や意欲をもつことなく、現存するものをまるごと否定するものだというレッテルを貼られていることであった。

『ライン新聞―政治と商工業のための』は短命であった。ロマンチストの王を戴いた政府は出版の自由という窓を少しばかり開けてみたが、そこから吹き込む暴風がすぐに政府を恐怖に陥れたのである。ザクセン州政府もまたアーノルド・ルーゲの出版活動に震えあがった。彼は、『ハレ年報』が発禁になった後、ザクセン州の州都ドレスデンに移り、そこで月刊の『ドイツ年誌』を何冊か出した。この雑誌も弾圧された。そのあと、ドイツ急進主義の化身であったルーゲはその足をパリに向けた。彼は、ヨーロッパにあっては、フランスに、そしてフランスだけに、政治上の原則、人間としての自由を守るという純粋な原則があると見たのである。

ルーゲは、マルクスに対しては、流刑生活の仲間を見つけた思いであった。マルクスの輝くばかりの才能が、彼よりもずっと年長のルーゲの強い関心を引き起こした。彼らは共同で『独仏年誌』を出した。この雑誌はその題名からしてルーゲの以前の仕事を想起させる。新聞や雑誌の短命さには、昔の、1848年の三月革命期以前の時代の特質が表れていた。この新しい年誌はたった二つの号が、それも一冊にまとめられて、発行されただけだった。

ある枢密顧問官は、この雑誌が意図しているのは「革命の手段としての、思想の反乱である」と報告した。多くのドイツ人亡命者にとってさえ、この雑誌はあまりにも先を行っていた。プロイセン政府はこの合併号に掲載された韻文［詩］にも散文

1.共産主義者たらんとの決意とエンゲルスとの出会いまで（1819-1843年）　25

［論文］にも反逆罪や不敬罪にあたるたくらみを見て取った。230部がプフアルツの国境で押収された。ルーゲとマルクスに対して、彼らがプロイセンの国境を越えて来たら逮捕せよという命令が出された。また、この雑誌でバイエルンのルートヴィッヒ王をあしざまに罵ったハイネに対しても、同じ逮捕命令が出た。

　『独仏年誌』は、フランスの出版法に基づいて発行を停止させることができるかどうかが決定される以前にすでに破綻していた。パリで発行されたドイツ語の印刷物という極めて珍しいものが歴史に名を残しているのは、少なからずマルクスが書いた論文のおかげである。巻頭には、全紙一枚分［16頁分］のルーゲの「計画」が掲載されたが、そのすぐ後に、ルーゲ、マルクスそして若いロシア人バクーニンの間の交換書簡が続いている。それは、1843年3月の「D（おそらくは、ドルデレヒトのことであろう）行きの馬引き船の船上で」と書かれた、マルクスのルーゲ宛の手紙でもって始まっている。マルクスは、間近に迫った革命を「ドイツの宿命」として語っている。また、ベルリンからルーゲが、「友よ、君は自分が望んでいることが実現すると確信しているが、こんなことは実際には起きることもなければ、意のままになるはずもない」と言ってきた時、マルクスは次の名言でもって応じた。「民衆は絶望しません。彼らはたとえ無知であっても、無知であるというだけで長い間希望を抱き続けるはずですし、そして長い年月のうちに突然賢明になって、彼らの信仰にも似た希望を現実のものとするのです」。当座はルーゲが正しいように見えた。

　この頃、パリで発行されているドイツ語の新聞があった。こ

26　第Ⅰ部　生涯

の新聞は、ドイツ公使館の不興を買いながら、それまで「穏健な進歩主義」を支持してきたが、ここに来て「ルーゲ派」の協力を求めてきた。新聞の名は『フォアヴェルツ』といった。まもなくこの『フォアヴェルツ』の共産主義的な傾向が問題になった。ドイツ公使館は共産主義者達を国外へ追放することを要求した。『フォアヴェルツ』の編集人は、規則に則って出版保証金を支払わなければならなかったが、それをしなかったために禁固刑に処せられた。リベラルな市民階級の首脳は、パリからドイツの革命思想を一掃しようとしたのである。『フォアヴェルツ』は、さしあたり月刊誌に切り替えて発行を継続しようとしたが、それはできなくなった。

　大臣ギゾーが遂に国外追放を命じたとき（1845年1月）、パリに家庭を構えていたマルクスは最初はリュティッヒに行き、次いでブリュッセルに向かった。彼の流浪の時代が始まった。マルクスは亡命者としてパリにやって来たわけではない。しかしそこを追われ、以来、生涯を閉じるまで亡命者のままであった。

　故郷のラインラントで、マルクスは外国の社会主義理論のことを知って、他の急進主義者と同じように、興奮することを覚えた。マルクスは、ロレンツ・シュタインを通じて社会主義に関する知識を深める前に、既に所有についてのプルードンの著作に出会っていたものと思われる。そしてプルードン本人とパリで親交を結んだ。マルクスはプルードンに、ドイツ哲学すなわちヘーゲル哲学を理解するための知識を吹き込もうと骨折った。

　それと同じ頃、マルクス自身はヘーゲル哲学から離れ始めた。

1.共産主義者たらんとの決意とエンゲルスとの出会いまで（1819-1843年）　**27**

マルクスはルーゲと彼自身が編集した雑誌(『独仏年誌』)にヘーゲル法哲学の批判を書いた。マルクスは法律を学び、政治的には急進主義であったにもかかわらず、それまでは宗教を中心に考えていた。マルクスの友人ブルーノ・バウアーはシュトラウスよりもっと急進的な合理主義によって、新約聖書が歴史的文献としては特定の意図をもった文書であることを暴いた。ヘーゲル的な考え方にあっては、宗教はなお理念であって、キリスト教はその理念の最高形態とされていた。フォイエルバッハの『キリスト教の本質』は、他の重要な著作と同じように、1841年に出版されたが、これは、宗教批判の側面からヘーゲル学派の解体を完成させたものであった。

　「ドイツにとっては、宗教批判は本質的に終わっている。そしてこの宗教批判があらゆる批判の前提である」。マルクスはこう言って『ヘーゲル法哲学批判』の序文を始めている。この論文のなかでこの序文ほど知られているものはない。この論文はマルクスの考えに重大な転換があったことを示している。ヘーゲル学派特有の用語で書かれ、また文章表現には対句法が多用されている。このことは、この若い哲学者がジャーナリストであることを示している。マルクスは、天国の批判は地上の批判に、宗教批判は法批判に、そして神学批判は政治批判に、それぞれ転化しなければならないという考えからこの論文を展開しようとしている。マルクスはドイツの世俗的政党と宗教的政党とを区分する。

　　世俗的政党は哲学を現実化せずにそれを廃棄しようとし、宗教的政党はその逆をやろうとしている。それゆえ、ドイツの法哲学及び国家哲学に対する批判は、近代国家及びそ

28　第Ⅰ部　生涯

れに関連した現実を批判的に分析することであり、それは
またドイツの政治的、法的な意識に関するこれまでのあら
ゆる手法を明確に否定することでもある。この意識の最も
洗練され、普遍的な、そして学問にまで高められた表現こ
そが思弁的法哲学に他ならない。

　それ故この批判は、解決するための手法が唯一つしかな
いある課題に行きつく。原理と同一線上の「実践」、すな
わち革命がそれである。革命はドイツを、単に近代的国民
として広く認められた水準にだけではなく、近代的国民に
とってはその次の目標となる人間的な高みにまで引き上げ
るはずである。「批判の武器はもちろん武器に対する批判
によって代用することはできない。物質的な力は、ただ物
質的な力によって打ち倒されなければならない。しかし理
論もまた、それが民衆を掌握すればすぐに物質的な力とな
る」。

マルクスの考察はここで宗教批判に立ち返る。宗教批判の最
後にくるのは、人間が人間にとって最高の存在なのだという教
義であり、それ故、人間が、貶められ、隷属化され、見捨てら
れ、蔑まされた存在となっている全ての関係を覆滅せよ、とい
う断固たる要求である。ドイツにおける革命的な事件であった
宗教改革もまた同じことを教えている。

　このことから、急進的ドイツ革命の「物質的根拠」はフラン
スの先例のなかに示される。フランスでは一階級が敵に対して
「私は何者でもない。私は全てであらねばならない」という反
逆的な言葉を投げつけた。ここにドイツ革命の積極的可能性が
追求されるのである。マルクスは、ドイツ革命の「物質的根拠」

1.共産主義者たらんとの決意とエンゲルスとの出会いまで(1819-1843年)　**29**

を次のように説明する。

「一つの、階級、階層、集団が形成されること」。それは「急進的な隊列をもった階級」であり、「全ての階層から分解された階層」であり、「普遍的な困窮を負うが故に普遍的な性格をもった、そして個々別々の不正ではなく、不正そのものが丸ごとその集団に対して行われているために、個別的な正義を要求するわけではない集団」である。「彼らは社会の他の全ての集団から自らを解放することなくしては、解放されることはありえない。一言で言えば、彼らは人間性を完全に喪失しているのであり、それ故人間性を完全に回復することによってのみ自分自身を自分のものとすることができるのである。この特別な階層として社会から分解されたもの、それがプロレタリアートである」。

マルクスは、ドイツのプロレタリアートを「主として中産階級が解体し、そのなかから生まれ出た人間集団」として、その形成について更に詳述したあと、次のように語る。

「哲学がその物質的基礎をプロレタリアートに見い出すように、プロレタリアートはその精神的基礎を哲学に見い出す。そして、こうした考えが人民という無垢な大地のすみずみまでを照らすように一閃すれば、直ちにドイツ人は人間的なるものへ解放されるであろう」。

マルクス自身は、自分の考えをどのように展開してきたのかを書いた1859年のメモで、「ヘーゲル法哲学の批判的検討」は、彼を悩ませた疑問を解くために手がけた最初の仕事であったとしている。それからマルクスは当時の研究の成果を述べているが、そこでは、ブルジョワ社会の解剖は経済学において追求さ

30　第Ⅰ部　生涯

れるべきだという結論に達している。

　これからすると、ヘーゲル批判に関してはあたかも序説以上のものが完成していたかのような印象を受けるが、実際には序説以上のものは何も得られないままであったようだ。ただ、彼の研究が進んでいったということを、当時の他の断片から想像できるだけである。

　パリで発行された『独仏年誌』には「ユダヤ人問題によせて」の二つの重要な論文も掲載された。ここでいう「ユダヤ人問題」とは、マルクスの哲学における師であったブルーノ・バウアーの二つの論文のことを指す。ヘーゲルとの対決はバウアーとの対決をも意味したのである。

　まず、バウアーの第一論文とマルクスの第一論文とを対比させてみよう。バウアーは、解放されるユダヤ人とはいかなるものなのか、それを解放するはずの国家とはいかなるものなのか、と問題を出す。バウアーの回答は、宗教的対立ということに照準を合わせ、解決の条件として、宗教からの解放をユダヤ人と国家の双方に求める。宗教を前提とする国家は、まだ真の国家、現実的な国家ではない、とする。これに対してマルクスは、問題となるのはいかなる類の解放なのかということであり、バウアーはこのことも問わなければならないと批判する。宗教的国家を批判するのと同じ様に、世俗的国家も批判することで答えが出てくるというのである。マルクスは言う。

　　ユダヤ教徒、キリスト教徒、総じて宗教的人間一般の政治的解放とは、ユダヤ教、キリスト教、総じて宗教一般からの国家の解放のことである。この問題をとことん突き詰めて考えていくならば、すべては「市民」社会とヘーゲ

1.共産主義者たらんとの決意とエンゲルスとの出会いまで(1819-1843年)　*31*

ル的意味での国家との差異と対立を明らかにするものとなる。論理的に整合のとれた国家とは、宗教を単なる私的な事項として社会に委ねる国家のことである。宗教はもはや国家の精神ではない。宗教は、ブルジョア社会の精神、エゴイズムの領域の、そして万人の万人に対する戦いの、精神となる。宗教はもはや共通のものではなく、個別的なものである。……例えば、北アメリカでの宗教の際限のない分裂は、すでに宗教に対して、それが純粋に個人的な事項であるという形態を外面的に与えている。宗教は、私的な関心事に数えられるものの中に追いやられ、共通なもの《Gemainwesen》としては、共同体《Gemainwesen》からは放逐されている。

ついで、いわゆるキリスト教国家と現実的国家としての民主的国家との区別がもう一度強調される。

宗教的精神は人間の精神が発露されたものであるが、民主的国家においては、この精神の発展度合は世俗的な形態をとって現れ、成立する。キリスト教ではなく、キリスト教の人間的基盤がこの国家の基盤である。

バウアーは、ユダヤ人には「人権」を要求することが許されるかどうかと問題を提起し、そしてそれを否認した。バウアーは言う。

ユダヤ人は、絶えず非ユダヤ人と分離することによって、「人権」に関してはみずからを例外的なものとし、自分をユダヤ人たらしめる特殊な本性こそが彼にとって真の最高の本性なのだと宣言するのだ。

これに対してマルクスは特に、公民《Staatburger》としての

権利から区別される人間の権利とは、ブルジョア社会の成員と
しての権利、すなわち他の人間や社会から切り離された自我的
な人間の権利のことだと言おうとする。マルクスはこれを、「譲
り渡すことのできない自由、平等、安全、所有権」という規定
をもった1793年の［フランスの］憲法と関連づけて詳論して
いる。

　　［ここでは］類的生活それ自体、すなわち社会は、人間を
　　類的存在として理解するなどというようなものとは程遠
　　く、むしろ逆に、個々人にとってはその本来的な独立性を
　　制約する外的な枠組みであるかのようにして現れる。(拙
　　著『ゲゼルシャフトとゲマインシャフト』を参照)。

　マルクスにとって謎だったのは、フランス国民が政治的共同
体の構築に取り掛かり、かつまた英雄的献身によってしかフラ
ンスは救い得ず、エゴイズムは犯罪の如く処罰されねばならな
いという時期に、この宣言が出されたことだった。そして、政
治的な活動は市民的社会で［自我的な人間として］生きること
を目的とした、単なる手段に過ぎないことが、こうした時期に
明言されたことであった……（もちろん、革命における現実は
理論とは明らかに矛盾していた）。

　　政治的解放とは同時に古い社会、すなわち封建社会を解体
　　することであり、政治的革命とは同時にブルジョア社会を
　　革命することである。これがこの謎に対する簡潔な答えで
　　ある。革命はブルジョア社会を、その単純な構成要素、す
　　なわち一方における個人と、他方におけるその人間の生活
　　を構成する物質的・精神的要因とに分解するのである。

　かくして、エゴイスティックな個人の自由を承認するという

1.共産主義者たらんとの決意とエンゲルスとの出会いまで(1819-1843年)　33

ことは、これらの要素の無規律な運動を承認するということになる。

　政治的人間にかかるこの抽象的な概念を、ルソーは正しく描いている（『社会契約論』第2章）。現実の個別の人間が、抽象的人間一般を自らのうちに取り戻し、個別の人間として、その即物的生活、その個別労働、そしてその個人的な諸関係のなかで、類的存在となったときに初めて人間の解放は実現する。つまり、人間が彼自身の力を社会的な力として認識し、組織し、したがって政治的な力の形成にあたって、この社会力をもはや自分から手離さなくなるときに、初めて人間の解放は実現するのである。

ユダヤ人問題に対するマルクスの第一の論文はこの意味深い言葉で結ばれている。我々はこの論文の中に、法哲学者マルクスが、今日においては社会学的な思考過程とも呼びたいような過程を通して、ヘーゲルからの離脱をいかにして開始したかを見る。そしてヘーゲル左派がヘーゲルの理論を急進的な形で受け継いだものである自由主義をいかにして克服したかを見るのである。

マルクスの考察は全体にわたって倫理的な色合いを帯びている。マルクスはブルジョア社会のエゴイズムとエゴイスティックな人間の自由を、封建社会が革命によって解体された基盤であり、そして「今や」政治的国家の基礎となったとしたとする。その上で、それを徹底的に批判する。次の文章もマルクスの主張の特徴を表している。

　人間は、したがって宗教から自由になったわけではない。信仰の自由を持ったのだ。所有から自由になったのではな

34　　第Ⅰ部　生涯

い。所有の自由を持ったのだ。職業を巡るエゴイズムから
　自由になったわけではない。職業の自由を持ったのだ。
　この若い著述家マルクスは眩惑的な対句法を依然としてひど
く好んでいた。この語法はまた、ユダヤ人的思考方法に特有の
辛辣さを特徴づけるものでもある。

２．　疾風怒濤—ロンドン移住まで
（1843-1850 年）

エンゲルスとの出会い

　マルクスは本来は著述家であったが、編集者でもあった。ずっと以前から最急進派の一人として急進主義者や政府の関心を引いていたある青年が書いた二つの論文を、編集者として『独仏年誌』に掲載した。この青年はそれまでフリードリッヒ・オズヴァルトという名前で書いていて、その文章の激しさでもって知られていた。そして青年はこの論文以降は、マンチェスターのフリードリッヒ・エンゲルスという本名を名乗った。「国民経済学批判大綱」と「イギリスの状勢」が彼の書いた論文である。後者は、その少し前に出版されたカーライルの『過去と現在』を手がかりに書かれたものであり、同書からの長い抜粋がある。前者は、ずっと後年になってからマルクスが「天才的なスケッチ」と呼んだものであり、苦悶していたマルクスの精神に強い影響を与えたものと思われる。

　この論文が出た以降、マルクスは論文の著者であるエンゲルスと手紙で絶え間なく意見を交換した。当時マルクスはやっと国民経済学の研究を始めたばかりだった。手紙でマルクスは、皮肉屋と呼んだリカードや、最良にして最も著名な国民経済学者としたマカロックなどについて語っているが、それは浅薄な知識によるものだった。これに対してエンゲルスは、交換、競

争、独占、価値、生産費、資本、労働、そして恐慌について詳しく論じた。エンゲルスは、恐慌は80年も前から、かつての大規模な伝染病と同じように周期的に発生し、「そして、伝染病以上の悲惨さと不道徳さをもたらした」とし、次のように語っている。

　　一定の間隔での絶えざる革新によってしか勝利することはできないというのが競争の法則である。これは、競争の参加者が自覚することなく形成された自然法則であって、意識して作った法則ではない。人間が意のままにする生産力には計り知れないものがある。土地の収穫力は、資本、労働そして科学を用いることによって無限に増大させることができる。豊かさと悲惨さが同時に存在するという矛盾。それは、「明らかに物が溢れかえっているのに、人々が飢えていく」ということであるが、イギリスはかなり以前からこうしたひどくばかげた状態にあった。このことが、この愚かしさを外見的に説明する人口理論（マルサス）を考え出させることになった。しかし人口理論は、恥ずべき卑劣な学説であり、自然と人間とに対する恐るべき冒涜であり、経済学者の不道徳性をその頂点にまで押し進めたものである。これは、精神と自然の矛盾、そしてそのことから生じる双方の破滅という、宗教にとってはそれ自身によってずっと以前に解決されたことになっている、宗教的ドグマの経済学的表現である。

　問題は、今現在対立している利害を融和させるだけのことに過ぎないから、この矛盾は無意味なものである。そのことは、経済学の領域でも指摘されてきたことだ、とエンゲルスは考え

ていた。つまり、

　　成人であれば誰もが自分で消費できる以上の物を生産する
　し、子供は樹木と同じように、彼を成長させるために費や
　された支出をはるかに超えたものを取り戻す。収穫は必ず
　しも労働に比例するものではないことを認めるとしても、
　土地でも労働でもない第三の要素、すなわち科学がまだ
　残っている。科学の進歩は、人口の増加と同様に無限であ
　り、その進歩の速さは少なくとも人口の増加の速さに匹敵
　する。

　エンゲルスは、ハンフリー、ディビーそしてユステュス・リー
ビッヒによって農芸化学が進歩したことを指摘し、「……科学
にとって不可能なことなどあるだろうか」と問う。

　彼はさらに私的領有に内在する法則としての所有の集中につ
いて論じる。

　　所有の集中は商業恐慌や農業恐慌の際に急速に進む。独占
　は自由競争を生み、自由競争はまた独占を生む。競争は我々
　の生活環境の隅々にまで浸透し、モラルの領域までにさえ
　拡がる。社会が「犯罪に対する需要を作り出す」からだ。
　私的領有は人間をかくも深いところまで退化させたのであ
　る。科学、とりわけ機械に関する科学もまた現状では資本
　と土地の同盟者であって、労働とは敵対している。イギリ
　スにおける機械の発明とその成果はこのことを証明してい
　る。

　エンゲルスはこの論文を次のように結んでいる。「私は近い
うちに、工場制度の厭うべき不道徳性を詳しく論じ、そこに最
も顕著に現れている経済学者の偽善を容赦なく暴こうと思って

38　　第Ⅰ部　生涯

いる」。エンゲルスのこの考察がどの程度正しかったか、また
どの程度新鮮であったか、ここではそれは検討しない。ただ、
マルクスにとっては、極めて多くのことが新鮮であり、ほとん
どのことが正しいと思われ、全てが大胆さと先鋭さでもってマ
ルクスを驚かした。そう言っていいであろう。

　当時ドイツにおいては、リストが自由貿易（通常、「国民経済」
学の最終的な結論だと思われていた）に対する強固な反対者と
して注目を集めていた。社会主義を主張するドイツの論者がこ
の分野で何らかの知見を示すということはそれまではほとんど
なかった。エンゲルスはこの領域の知見を持っていたが、その
ことが資本家寄りの経済学（「国民経済学」）に対する彼の評価
を高めることにはならなかった。

　エンゲルスの『国民経済学批判大綱』は次の一文で始まって
いる。

　　「国民経済学は商業が拡大していく中で、その自然の成り
　　行きとして誕生した。そしてそれとともに、単純で無学な
　　悪徳商法に代わって、合法的詐欺という洗練されたシステ
　　ム、つまりは利得のための完成された学問が登場した」。

　「悪徳商法」という言葉は、心ならずもそうなったこの若い
商人、エンゲルスが好んで用いた言葉である。よくあることだ
が、エンゲルスの場合もまた、家族や厳格な父親に対する反逆
が、社会に対する反逆につながった。「悪徳商法」に対する敵
意をエンゲルスはあらゆる機会に言明していた。

　ここで興味深いのは、この悪徳商法というユダヤ系ドイツ人
由来の単語がマルクスの「ユダヤ人問題に寄せて」の第二論文
に再び出てくることである。この論文では、ゲオルグ・ヘル

2.疾風怒濤―ロンドン移住まで（1843-1850年）　*39*

ヴェークが編集した『スイスからの21ボーゲン』に収められたブルーノ・バウアーの論文が取り上げられている。この第二論文は長さとしては第一論文の4分の1にも満たないが、第一論文とは全く異なったトーンで書かれている。ここでマルクスは、ユダヤ人問題を神学的に把握することを徹底的に粉砕しようとしている。そして、バウアーが安息日のユダヤ人を考えたのに対し、マルクスは現実の世俗のユダヤ人を見ようとしている。

　　ユダヤ人の宗教の秘密はその日常の暮らしの中にある。彼らが日常礼拝するのは悪徳商法であり、その世俗の神は貨幣である。「今や明らかである。悪徳商法や貨幣からの、したがって実際の日常的なユダヤ教から解放するということは、現在にあっては、自らを解放するということである」。「ユダヤ人を解放するということは、その究極の意味において、人間をユダヤ教から解放するということだ」。何故なら、ユダヤ人の精神は、実際にはキリスト教徒である諸国民の精神になっているからだ（これは、ゾンバルトの著名な著作──［『ユダヤ人と経済生活』］──に、題辞として提供できるような言葉である）。「世俗的生活におけるユダヤ教の本質である悪徳商法とその諸前提、これを廃棄することに社会が成功すれば、すぐにユダヤ人は存在し得なくなる。……そうすれば、人間が個別的な欲望を持った存在であることと類的存在であることとから生じる衝突が揚棄されるからである」。

　エンゲルスの原稿と、おそらくその原稿に添付されたと思われるエンゲルスの手紙、そしてその後の彼からの手紙、それら

40　第I部　生涯

が直接マルクスに影響を与えて、このような考えが生まれたのであろう。

　手紙を交換したことが機縁となって、エンゲルスは1844年の夏の終わりにパリのマルクスを訪れた。多分マルクスの家に行ったと思われるのだが、エンゲルスは10日間パリに滞在した。それは実りの多い日々であった。この後、彼らは単なる知り合いではなく、生涯にわたって兄弟のような関係になった。

　この若い二人はたしかに、社会主義と共産主義とに対する燃えるような関心や、現存社会とその秩序の不道徳性に対する憤りなど以外にも、極めて多くの共通点を持っていた。彼らは二人ともヘーゲル哲学を通り抜けた。ただし、エンゲルスはさっさと軽やかな足取りでもって通り抜けたが、マルクスはこれに対して、ゆっくりとそして深淵から目をそむけることなく丹念に見渡して通り抜けていった。

　ヘーゲル左派がフォイエルバッハから生まれた時と同様に、その解体はマルクスとエンゲルスを熱狂させた。青年ドイツ派やヘーゲル「左派」一般にいえることだが、二人にあっても、この時点ではまだ宗教問題が、その意識の中心にあったからである。急進主義が政治の分野に飛び込んできたが、それはただ手探りのようなものに過ぎなかった。マルクスとエンゲルスは政治に引きつけられるのを感じていたし、理論から「実践」に移ってみたいとも思っていた。それ故、自分たちを開放するものとして『キリスト教の本質』（フォイエルバッハ）を受け止めた。フォイエルバッハは、哲学を天国から地上に呼び戻した新しいソクラテスのように思えた。17世紀には、自然科学が物質と運動の研究によってペリパトス学派［逍遙学派］の唯神

2. 疾風怒濤―ロンドン移住まで（1843-1850年）　*41*

論を打ち砕き、「哲学の変革」がガリレイ、ホッブス、デカルト、ガッサンディらによって進められた。17世紀のこうした事件が新しい形で繰り返されることにもなった。

　実践力に乏しいドイツ観念論にもはや飽き足らなくなっていた青年たちにとっては、唯物論とヒューマニズムは同じものであった。エンゲルスによれば（彼がカーライルについて論じたときの主張であるが）、ブルーノ・バウアーもまたフォイエルバッハと共に、「現代のあらゆる虚偽と偽善の上に神学という名前を拡大していった」のである。エンゲルスは言う。

　　「神とは何か」という問いに対して、ドイツ哲学は、「神とは人間である」と答えた。真理は、人間自身の胸の中に見い出されるべきだ。

　エンゲルスにとっては、ドイツの最新の哲学とは自由な人間観のことであって、それはカーライルの汎神論をも凌駕していた。こうした初々しい興奮を抱えてエンゲルスはマルクスの所にやってきた。エンゲルスには、マルクスが準備をすっかり終えていたことがわかった。シュレージンの織物工達の6月反乱がマルクスに（そして間違いなくまたエンゲルスに）強い刺激を与えた。マルクスは、当時の急進主義派の指導者アーノルド・ルーゲとの間に考え方の対立があることを確認することになった。パリで発行されていた『フォアヴェルツ』誌の論文でマルクスは怒りをあらわにして、次のように書いた。

　　「プロイセン人」という匿名の人物の後ろに隠れているのは、ルーゲである。彼はこの反乱を、ある地方の水不足、あるいは飢饉のようなものと考え、この反乱に対して、それ以上の、より広範で普遍的な意義を与えようとしない。

42　第Ⅰ部　生涯

そして、ドイツ社会はまだ「改革」を予感させるところま
ではとても達していないというのだ。
　マルクスは、イギリスの社会的貧困に対しては次のように言
う。

　　社会的貧困の一般的重要性は、イギリスのブルジョアジー、
　　イギリスのジャーナリズム、さらにはイギリスの国民経済
　　学においてもよく知られているところである。したがって、
　　社会的貧困に対処する手段を行政的・福祉的対策に見出そ
　　うとするのは、いまだ政治化してないドイツ社会及びプロ
　　イセン王国に特有なことではないのである。たとえ、「処
　　理」というものが、自暴自棄になっている貧窮民を捕まえ
　　て閉じこめておくだけのことだとしても、イギリスは実際
　　にまさしくこの社会的貧困を「処理」しようとしているの
　　だ。ナポレオンもまた物乞いを一挙に根絶しようとした。
　　国家はそうせざるを得ないのだ。「国家と社会的機構とは、
　　政治的な観点からは二つの異なったものではない。国家は
　　社会的機構なのである」。

　近代国家の生来の基盤が「近代的悪徳商法の世界」に再び遭
遇するときのブルジョア社会の混乱ぶり、卑劣さ、そして奴隷
状態についてマルクスは詳述する。イギリスの状態を論じたと
きと同じである。ここでもエンゲルスの影響が見られる。しか
しマルクスは、シュレージンの織物工の蜂起に対しては、これ
は、フランスやイギリスにおける労働者の叛乱よりも、もっと
理論的根拠を持ち、もっと意識的なものであったと書いている。
そして、「ヴァイトリンクの天才的著作」には、ドイツの労働
者の教養の水準と才能との輝かしい証が見られるとした。マル

2.疾風怒濤―ロンドン移住まで（1843-1850 年）　*43*

クスは、プロレタリアートが履いている巨大な子供靴とドイツのブルジョアジーが政治にまみれて履き古した靴のちっぽけさとを比べることによって、シンデレラはドイツではスポーツ選手のような体格をしていると予言していいであろうとする。そして次のように言う。

> 哲学的国民は、社会主義において初めて、それにふさわしい実践を見い出すことができる。したがって自分たちの解放に向けての活動の要素は、プロレタリアートの中に初めて見い出すことができるのである。

「プロイセン人」というルーゲの匿名の論文の結語は、「政治的な精髄のない（すなわち、全体を鳥瞰する観点から組織作りを行うという認識なしでの）社会革命は不可能だ」とするものであった。マルクスは、政治的精髄を「もった」社会革命とは革命それ自体の単なる言い換えに過ぎず、なんら意味はないと断言する。

> 理性的に考えるならば、逆に政治的革命が社会的な精髄をもっているのである。社会主義は、それが［旧社会の］破壊と解体を必要とする限りにおいて、革命という政治的な行動を必要とする。「しかし、革命がその組織的活動を始める地点で、すなわち、革命の目的そのもの、革命の精髄が現れる地点で、社会主義は政治的なベールを脱ぎ捨てる」。

ルーゲは政治的急進主義の偉大な預言者であったが、マルクスはこの批判によって、彼とは訣別することになった。マルクスにとっては、この訣別はつらいものとはならなかった。マルクスもルーゲも、どちらとも相手に対して優越感を持っていた

のであり、マルクスは社会主義者として自立し、社会主義革命を志そうと考えた。

　マルクスがエンゲルスに出会ったのはこの時であった。エンゲルスはひたすら大胆かつ直線的で、革命志向を具現化したような男であった。この点においてはマルクス以上であった。この時以降エンゲルスはマルクスのことを同志としたが、エンゲルスは同志マルクスが自分とは違った方向で社会主義革命の問題の解明に取り掛かろうとするのを見ることになった。

　エンゲルスにとっては、依然としてフォイエルバッハとブルーノ・バウアーの両者がドイツ哲学の完成者であった。マルクスは、『アルゲマイネ・リタラツーア・ツァイツング』による自分への攻撃のことをエンゲルスに話した。当時短期間ではあったが、バウアーがこれを編集していた。マルクスはその攻撃に対して防御を行おうとしていた。バウアーは、マルクスにとって最も古くからの友人の一人であり、無神論的ヘーゲル主義を主張したという意味からマルクスに最も強い影響を与えた人物であったが、マルクスは、自分とバウアーとの間にも境界線を引く必要があると考えた。

　バウアーの批判は断固たるもので、それによって際限のない自意識、すなわち自分は大衆を凌駕しているのだという思いを鮮明にしようとした。バウアーは依然として優れた知識人であって、彼自身というよりは、彼の弟エドガーを含む彼の協力者たちがマルクスに対して辛辣な対応をするよう唆したように思われる。

　マルクスは「批判のための批判に対する批判」を書こうとして、エンゲルスに協力してくれるよう頼んだ。エンゲルスは喜

2. 疾風怒濤—ロンドン移住まで（1843-1850 年）　*45*

んでそれに応じた。マルクスは「聖家族」(バウアー一家のこと。
バウアー兄弟の 3 人目は出版業者であった) のことを嘲笑的に
語った。『聖家族』という題名はこの本の出版者には歓迎され
たが、エンゲルスにとってはいささか驚かされるものであった。
また彼は、自分の名が共著者として表題ページに掲載される
とも望まなかった。「老人」と呼んでいた彼の父親に衝撃を与
えるのをおそれたからである。

『聖家族』は 1845 年に出版された。エンゲルスが担当した部
分は僅かであったが、この『聖家族』で二人の名前は結びつい
た。そしてずっと結びついたままであった。

彼らは当時まだ「真のヒューマニズム」の提唱者とされてい
た、フォイエルバッハの影響下にあった。エンゲルスは「真の
ヒューマニズム」に熱狂的な忠誠を誓っていた。『聖家族』の
序文は次のように始まる。

　　この真のヒューマニズムのドイツにおける最も危険な敵は
　　唯心論と思弁的理想主義である。我々がバウアー批判にお
　　いて戦うのは、戯画として再生産されたこの思弁に他なら
　　ない。

そしてこれに続いて、ドイツ的思弁の無意味さと思弁的哲学
の幻想性が論じられる。それは、あたかもショーペンハウエル
がシェリングとヘーゲルを論じるかのようである。

フランス唯物論に対する批判的攻撃を論じた章では、社会主
義・共産主義に直接つながるという理由から、イギリス唯物論
との連携という方向性が推奨されている。

　　唯物論は、「真のヒューマニズム」論として、そして共産
　　主義の理論的基礎として、フランスの科学的共産主義者デ

46　　第 I 部　生涯

ザミやゲイなどによって発展を見た。オーウェンもまたこの発展に与っている。

マルクスがここで主張した哲学上の見解は、だが後に再び相当の変更を受けることになった。社会科学におけるマルクスの姿勢についても同じことが言える。マルクスは『聖家族』においてはまだプルードンに傾倒していて、それがその姿勢と結びついていた。

> 私的所有はただ、全般的に国民経済の諸関係を粗悪なものにしたにすぎないことをプルードンは示した。彼はこれによって、国民経済学の観点からできる国民経済学批判の全てを行った。

序文の最後で、マルクスとエンゲルスはそれぞれが独立した論文を書くことを約束した。その論文では、おのおのが独自に、哲学及び社会にかかる最近の学説についての自分たちの具体的な見解を述べ、併せてそれらの学説に対する自分たちの具体的立場を明確に書くとしていた。

1845 年の春、マルクスはブリュッセルに移住したばかりであった。エンゲルスはブリュッセルに出かけていった。それはこの計画のためであった。この年の夏、彼らは一緒にイギリスを旅行した。イギリスの状態を知ること、依然として勢力を保っていたチャーチズム運動の指導者と知り合いになること、これらのことをマルクスに計らってやることが自分の役目だと、エンゲルスは考えたのである。

ブリュッセルに戻ってから二人はヘーゲル以後の哲学の批判に没頭した。マルクスはフォイエルバッハを無条件に信頼したことは決してなかったが、年若の友人エンゲルスは違った。エ

2.疾風怒濤―ロンドン移住まで（1843-1850 年）　*47*

ンゲルスは、『聖家族』においては次のようにフォイエルバッ
ハに公然と与した。

　　フォイエルバッハは形而上的絶対精神を「自然という基盤
　　の上に立った現実の人間」のうちに解消した。そのことに
　　よって彼は宗教批判を完成し、同時に「ヘーゲルの思弁論
　　と、したがってまた、全ての形而上学とに対する批判のた
　　めの壮大かつ卓越した基本的輪郭」を描いた。

　1845年の春ブリュッセルで書かれた11の評注（フォイエル
バッハについてのエンゲルスの論文への付録）は、冒頭から次
のように強調する。

　　フォイエルバッハの唯物論も含むこれまでの全ての唯物論
　　の主たる欠陥は、対象、現実、感性が、客観ないし観照と
　　いう形でのみ把握され、人間的・感性的な活動・実践として、
　　すなわち主体的に把握することがなされなかったことにあ
　　る。フォイエルバッハは宗教的存在を人間的存在に解消す
　　るが、この人間的存在は現実には社会的関係の総体なので
　　ある。フォイエルバッハもそうだが、古い唯物論がブルジョ
　　ア的社会を立脚点とするのに対して、（マルクスが切り開
　　こうとする）「新しい」唯物論は人間の社会を立脚点とする。

　「実践」を重視するのはエンゲルスの意向に完全に沿うもの
であった。マルクスは時折、「理論」のことを軽蔑しきって語っ
ている。彼にとって為すべきことは宣伝活動であった。彼は、
ブッターパールの「奔放にして情熱的な染色工や漂白工」を立
ち上がらせるという望みを持っていた。共産主義の研究をドイ
ツに定着させることはマルクスにとって極めて魅力的な楽しい
仕事であった。

48　第Ⅰ部　生涯

マルクスは、フーリエを始めとした翻訳書の「シリーズ」を出版しようとした。モーリッツ・ヘスは、古くからの社会主義者の中でも最も重要な人物の一人であったが、彼はエンゲルスが上述の計画に関してマルクスに手紙を書いた頃（ブリュッセルに二人がやってくる前）、バルメンで暮らしていた。マルクスとエンゲルスはまだヘスのことを尊称（Ihr）をもって呼ぶべき一人だと見ていた。彼らにとっては、これまでの社会主義は全てイデオロギーであると思われたが、ヘスにはイデオローグ以上のものを感じていた。

　ブリュッセルでマルクスとエンゲルスはドイツ哲学のイデオロギー的な見方と彼らの見方との対立を細部まで明確にする作業を一緒に仕上げた。後に『ドイツ・イデオロギー』という書名で呼ばれることになったこの作品はついに出版されることはなかったが、その大部分は草稿として残されている。第一巻ではフォイエルバッハとバウアーの他に、この二人を絶対的個人主義とエゴイズムとによって打ち倒そうとしたマックス・シュティルナーについて論じている。第二巻では、ドイツのこれまでの社会主義を批判し、新しい「史的」唯物論と一体化した新しい「共産主義」を、これに対置した。

　1845年にはまだ4種の社会主義的な雑誌が刊行を続けていたが、このうちの一誌『ゲゼルシャフト・シュピーゲル』は、エンゲルスがヘスと組んで、「社会の悲惨さとブルジョア体制」を描くために発刊したものであった。ヘスはエルバーフェルドでのある演説の中で、共産主義を「愛情の生活法則が社会生活に適用されたもの」と定義したが、これはエンゲルスの好みにはあわなかった。エンゲルスとマルクスがそれ以上に気に入ら

なかったのは、カール・グリューンであった。彼はフォイエル
バッハ派として、「真の社会主義」を説いて回っていた。また
彼はパリに住んでいたことから、彼なりのやり方で、プルード
ンをドイツ哲学の隊列に引き入れようとした。これは以前マル
クスが試みたことでもある。

ヴァイトリンクは、1846 年にブリュッセルにやってきた。
彼はキリスト教社会主義者であり、多くのドイツ人遍歴職人と
つながりがあった。ヴァイトリンクはそれまで「ドイツ的」共
産主義の第一人者であった。「フランス的」共産主義ではカベー
がそうであったように、である。マルクスとエンゲルスは、こ
のヴァイトリンクとも反目するに至った。

マルクスとエンゲルスは共産主義の運動に飛び込んだ。それ
によって、自分たちが実際の労働運動と一緒に前進しようとし
ているのであって、知識人として労働運動の外に立つつもりは
ないということを示そうと考えたのである。とりわけ彼らが
望んだのは、運動のトップに立つことであり、自分たちの考え
を広め、それを唯一つの権威のある支配的な考えとすることで
あった。それは、プロレタリア革命を彼らの基本的考えに沿っ
て指導するためであった。彼らは、プロレタリア革命を自分た
ちが生きているうちにこの目で見たいと思っていた。

その後の彼らの足取りはこの観点から説明することができ
る。エンゲルスはブリュッセルにやってくる前に、既に『イギ
リス労働者階級の現状』に関する画期的な研究をやり終えてい
た。彼はマルクスとは異なる独自の道を進んでいた。『経験論
と唯物論』がエンゲルスの基本となった。マルクスは 1859 年に、
自分たちのそれまでの哲学上の意識を清算すること、これが『ド

50 第 I 部 生涯

イツ・イデオロギー』でエンゲルスともども意図したことだと言ったが、この清算はエンゲルスにとっては難しいことではなかった。何故ならこの哲学上の意識は、マルクスにあっては、容易に克服できないものとして受け止められていたが、エンゲルスにとっては軽い荷物だったからである。エンゲルスは「別の方法で」自分と同じ結論に達したのであり、そしてこのことを確認するために『イギリス労働者階級の現状』を見るようにと、マルクスは言っている。――もっとも、『イギリス労働者階級の現状』では、時折シュティルナーのことが示唆してあるとはいえ、哲学については何も論じられてはいないのだが。

　マルクスは、新しい友人エンゲルスと一緒に、単にドイツ哲学だけでなく、それと同じイデオロギーを持つこれまでの全ての社会主義と絶縁しようとして、二つのことを考えた。第一は、国民経済学はブルジョアジーの階級意識を表したものとして研究しなければならないということである。第二は、行動力と戦闘性を持ったプロレタリア意識を発展させるために、現実の社会状況、とりわけ労働者階級のそれについての研究が必要だということだった。二番目の研究はエンゲルスが既に行ったのと同じものであった。ただエンゲルスは、イギリスには既に発展したプロレタリア意識があり、「社会」革命は目前に迫っていると確信していた。エンゲルス自身は、老年になってから、当時のこの予言は自分の若い情熱が言わしめたものだと語っている。一方、マルクスは、当時から既にこのような幻想にはためらいがちに興味を寄せていただけだったといってよいであろう。

　マルクス自身の意欲は政治経済学に向けられていた。これは、

2. 疾風怒涛―ロンドン移住まで（1843-1850 年）　*51*

最初はプルードンが彼に与えた大きな影響によるものであったが、その後「ブルジョア社会の解剖は経済学によって可能になる」という確信をマルクスが持ったからに他ならない。ブルジョア社会という概念はヘーゲルから受け継いだものである。「ヘーゲルはブルジョア社会という名のもとに、物質的な生活関係の全体を包括している」。マルクスは 1859 年 1 月にそう書いた。

　我々が見るのは、マルクスが、自分を襲った疑問との格闘を始めたとき、ヘーゲル法哲学の諸概念、とりわけ国家と社会の関係、および政治的な運動・変化・革命と社会的なそれとの関係を絶え間なく検討し、究明したということである。ここでは、マルクスはその成長過程で獲得した彼固有の特質をもって議論を展開している。次の文章にその格闘の直接の成果が示されている。「法的諸関係も国家の諸形態も、共にそれ自体から理解することも、またいわゆる精神の一般的発展から理解することもできない。それらはむしろ物質的な生活関係の中に根拠を持っている」。こうした考えは、公刊されなかった手稿（『ドイツ・イデオロギー』）の次のような叙述の中に既に見られる。

　　「物質的生活の生産」は、歴史的に見て本源的な行為である。
　　国家は、ブルジョア社会の活動体、ないしは、そこで支配
　　階級の人間達が自らの利益を主張する形態である。

プルードン批判

　マルクスとエンゲルスは 1846 年 8 月までブリュッセルで一緒に仕事をし、その後エンゲルスはパリに赴いた。彼らは自分たちの間ではドイツ人職人を「放浪人」と呼んだが、その「放

浪人」の中で宣伝活動を行うためである。エンゲルスはそこで
ヴァイトリンクの支持者達の抵抗に遭った。グリューンとプ
ルードンの支持者達の抵抗はこれよりももっと強かった。マル
クスがプルードン批判を書かなければならないと感じたのは、
この時である。それまでマルクスにとっては、プルードンは、
（ヴァイトリンクと同様に）プロレタリアートの中から直接生
まれた理論家として、尊敬の対象であった。プルードンの新た
な著作『経済学の矛盾──貧困の哲学』は、マルクスを刺激し
て、この本の批判を書かせることになったが、それはまたマル
クスに、倒置した題名［『哲学の貧困』］でもって、エンゲルス
と共に獲得した新しい見解を展開する機会を与えた。

　プルードンは共産主義者を、国民経済学を全く知らない、頭
の固い極楽とんぼの夢想家、と呼んだ。マルクスは、これが自
分のことを指しているわけではないことを知ってはいたが、彼
にはすでに、一貫して科学的根拠に基づいた「新しい」共産主
義の基礎を構築するという考えが浮かんでいた。『哲学の貧困』
はマルクスにとって初めての純粋な経済学の著作であった。の
ちにマルクスは経済学の分野で極めて著名な人物となったが、
彼はこの本によって世に出たのである。

　この本には章は二つしかない。一つは「科学的発見」──こ
れは、価値形成に関するプルードンの学説のことをいっている
──と題され、もう一つは「経済学の形而上学」となっている。
マルクスはここではリカードの優秀な弟子として現れ、プルー
ドンよりもリカードのほうをもっと理解しようとしている。マ
ルクスは言う。

　リカードの価値論は現実の経済活動の科学的な解釈である

2. 疾風怒濤─ロンドン移住まで（1843-1850 年）　53

が、プルードンのそれはリカードの価値論のユートピア的解釈に過ぎない。人間の生活を維持するための費用は工場での生産費用と同じであるとするリカードの発言は確かにシニカルである。しかし、シニカルなのは事実そのものなのであって、事実を表現する言葉がシニカルなのではない。プルードンは二つの尺度、すなわち、商品の生産に必要な労働時間という尺度と労働の価値という尺度、この二つの尺度を混同している。それ故、彼は労賃を価格の不可欠な要素と見なす。そして、形成された価値を生産物の相対的な比例関係を示すものと規定するとき、商品の生産に必要な労働時間は［商品の］需要に適合した比率を示しているという結論に、プルードンは達するのだ。

プルードンの主張に対してマルクスは次のように反論する。

文明が始まった瞬間から生産は階級対立を基礎とするのであって、「敵対なしに進歩はない」。消費者の置かれる社会的諸条件もまたこのことに依拠する。木綿やジャガイモや酒は、最も僅かな労働しか要しないから、したがって最も安価であるが故に、ブルジョア社会の支柱となる。

「経済学の形而上学」では、1.方法、2.分業と機械、3.競争と独占、4.所有と地代、そして最後に5.ストライキと労働者の団結、の五項目が論じられている。後期マルクスを特徴づける視点のすべてが、ここで展開され、あるいは少なくとも示唆されている。若きマルクスが全力を挙げてブルジョア社会の「解剖学」の研究に取り組んでいることが、全編にはっきりと表れている。

マルクスは、アダム・スミスやリカードとともに、ラウダー

デール、シスモンディ、ストーシュ、アトキンソン、ホプキンス、ウィリアム・トムソン、エドモンド、ブレイ、ジョン・スチュアート・ミル、サドラー、アメリカ人のクーパー、フランス人としては、古い人物で、ボアギュベールとケネー、最近の人物ではセイとルモンティ、といった人たちに言及している。しかし最も目を惹くのは、マルクスが、経済学者を共産主義者や社会主義者と敵対的な関係にあるものと位置づけていることである。

　　経済学者はブルジョア階級の学問上の代表者であって、共産主義者や社会主義者はプロレタリア階級の理論家である。一方でプロレタリアートが十分に成長し、そして他方でブルジョアジー自身の掌中にある生産力が十全に発展して、プロレタリアートの解放と新しい社会の形成のための物質的諸条件を確認できる程度にまでならない限り、社会主義的、共産主義的理論家達は夢想家以外の何者でもない。しかし歴史が前進し、プロレタリアートの戦いがより明瞭な輪郭をもつにしたがって、彼らはもはや自分の頭のなかで学問的追及を行う必要はなく、ただ彼らの目の前で起こっていることに責任を持ち、その機関となりさえすればいいのだ。そうすれば彼らは貧窮のなかに貧窮以上のものを、すなわち、旧社会の覆滅をもたらすであろう革命的側面をも見る。「この瞬間から、歴史の運動によって生み出され、運動の根拠を完全に認識するなかで歴史と結合する科学は、空論的なものではなくなり、革命的なものとなる」。

　最終章ではストライキと労働者の団結について論じられるのだが、ここでまた、経済学者と共産主義者・社会主義者の対比

が強調して繰り返される。

　団結を非難するという点で経済学者と社会主義者は考えが一致している。経済学者は労働者に向かって言う。「団結するな」と。ストライキによる損失、ストライキは機械化を促進することになるがそれは結果的には労働者の負担になってしまうこと、そして最後に、経済学の永遠の法則に反抗しようとするのはそもそも無意味だということ、経済学者はこういうことを「団結するな」という忠告の根拠として挙げる。社会主義者もまた労働者に向かって言う。「団結するな」と。そして同じようにストライキの無益さとその組織化にかかる費用のことを指摘する。さらに、金銭にかかる問題を別にすれば、労働者は常に労働者であり、雇用主は常に雇用主であるということに、以前となんの変わりもないであろう、とする。

　経済学者が望むのは、今あるような、経済学の教科書でお墨付きを与えられているような社会に、労働者がとどまることである。そして社会主義者がやろうとしているのは、古い社会のことを無視することである。そのほうが、彼らが、遥か先を見とおして、労働者のためにお膳立てしてやった新しい社会なるものに、よりうまく入って行けるからだ。しかし、経済学者の主張にも社会主義者のそれにも逆らって、経済学の教科書や社会主義者の夢想に反して、労働者の団結がその歩みを止めることは一瞬たりとなかった。それは近代産業の発展と拡大に歩調を合わせて絶えず成長を続けてきた。

　イギリスでは、ストライキと労働組合は、労働者の政治

的戦いと共に拡大していったが、この典型的ともいえるイギリスの労働運動の発展において、「今日の大政党の一つはチャーチストの名のもとに形成された」。労働者の利益を目的とした結社はある点にまで達すると政治的な性格を帯びてくる。階級対階級の戦いは政治的な戦いなのである。

　ブルジョアジーは自らを解放し、ブルジョア社会を築いたが、同様に、プロレタリアートもまた自らを解放し、新しい社会を築くであろう。プロレタリアは我々の目の前で、ストライキ、団結、等々といった形態で、一つの階級として自らを組織する。彼らが解放される条件はあらゆる階級の廃絶にある。第3身分の解放があらゆる身分の廃絶であったのと同じである。階級が廃絶されれば、敵対関係はなくなるだろうし、それとともに、本来の意味での政治的な権力もなくなるだろう。何故なら政治的権力とはブルジョア社会における敵対関係の表現に他ならないからである。ブルジョア社会が終わったならばもはや社会革命は政治的革命ではなくなるであろう。

『哲学の貧困』はプルードンを批判したものだが、この書物からは、マルクスの社会学者としての高度な考えと高度な理論的認識がうかがえる。ここで語られていることは、ある党派の主張を擁護するようなものでは全くない。彼は、観察者、評定者として党派の外に立ち、そうした立場から、自分が観た階級闘争の結末を予想しようとしている。たしかにその口調からは、自分にはこの闘争の成り行きが見えており、しかもそれを歓迎しているということが感じ取られる。まことに「言い方が肝要」である。ただ、正しい道筋をしっかりと知っておきたいという

労働運動の本能的な衝動に対して、「知識という松明でもって明かりを照らす」とする傾向、というよりは意図といってもいいが、それはここでは、明瞭には現れていない。

亡命職人たち

当然のことであるが、マルクスは運動の「内側」にいた。パリでも、急進的意識を持ち、「私有制の廃止」、プロレタリアートの解放、さらにその他の反乱を目指す人間達に取り囲まれていたが、ブリュッセルでは、パリにいた頃以上に、そうなった。マルクスは、ためらいながらではあったが、彼らと共同行動をとった。エンゲルスと協力して、ベルギーの首都にドイツ人労働者協会を設立したが、それは当然のことながら完全にマルクスの影響下にあり、党を作ることに関してマルクスと相談が始められるほどであった。

マルクスを取り巻く人物のうちで最も興味深い者の一人に「赤毛の」ヴォルフがいる。友人達からはリュプスと呼ばれた、シュレージン生まれの農夫の息子である。1864年にマンチェスターで死を迎えるまで、一貫して忠実にマルクス、エンゲルスと行動を共にした。そして、その僅かな遺産の相続人にはマルクスが指名された。このためマルクスは、1867年に出版された『資本論　第1巻』を、「忘れ得ぬ友人にして、プロレタリアートの大胆にして忠実かつ高貴なる前衛」としての、彼の思い出に献じている。

「フラタナル・デモクラッツ」（「民主主義者友愛協会」）という急進主義者の国際的な結社があり、この結社がブリュッセル

58　第Ⅰ部　生涯

にも接触してきた。まもなくマルクスは、この組織のブリュッセル支部の副委員長になった。結社の名前は「国際民主主義団体協議会」となった。これは公然組織の形をとっていたが、ここには同時に国際的な秘密組織「義人同盟」を代表して、植字工から後に語学教師になったシャッパー（もともとは林学を学ぶドイツ人学生であった）、時計工モルなどが、参加していた。この二人は、運動の中心をパリからロンドンに移し変えるのにも寄与している。

「義人同盟」の設立は古く、1836年にはもう存在していた。その誕生はさらに2年前の、「亡命者同盟」の左派としての形成に遡る。「亡命者同盟」はパリでドイツ人亡命者達によって創設されたものである。「義人同盟」も「亡命者同盟」ともに秘密結社であった。「義人同盟」は、とりわけパリでは大きな勢力を有し、3ヵ所に支部を持っていた。中核となったのは仕立て職人であった。それだけにヴァイトリンクの影響はなおのこと強かった。ヴァイトリンクは、「義人同盟」は「宗教的団体」だと自ら認めていた。

マルクスとエンゲルスは、「義人同盟」には参加することなく、パンフレットの作成・配布やその他の方法で意見を表明することによって、ヴァイトリンクの影響を弱め、「義人同盟」を別の方向へ導こうと努力した。エンゲルスはずっと後年に次のように言っている。

この組織には、以前に経済学の本を読んだことのある人間はほとんどいなかった。経済学の本を読むことは有益なことではあったが、ほとんどの者はそれを読まなかった。平等、兄弟愛、正義、そういったものが、差しあたっては、

あらゆる理論上の障壁を乗り越えるのに役立った。

だがエンゲルスの『イギリスにおける労働者階級の現状』は、扇動的な種々のパンフレット以上に、外国、とりわけイギリスにいるドイツ人職人に大きな影響を与えた。しかし、どんな文書よりも彼らに大きな影響を与えたのは、1846 年と 1847 年の経験であった。それはまた急進的チャーチストグループの重要性を増すことにもなった。急進的チャーチストの機関誌『北の星』の寄稿者であったエンゲルスは、常に彼らと連絡を取って、その闘争心をかきたてた。

労働運動においては絶えず国際的連携の芽生えが見られたが、エンゲルスとマルクスにとっては、この芽を大きく育てることこそがなにより重要であった。様々な場所に火元を設け、そこで自分たちの主張と学説に火を着け、それを基点に火花を発散させることを期待したからである。

彼らは国際通信委員会を設立し、パリおよびロンドンと間の恒常的な手紙の交換にあたった。同盟の中心は次第にロンドンに移っていったが、それと共に、同盟自身が国際的なものとなっていった。もっとも、諸国間の交信に用いられた言語はドイツ語のままであったが。

［義人同盟ロンドン支部が作った公然組織であった］ドイツ人労働者教育協会は 1847 年には「共産主義労働者教育協会」と名乗った。ロンドンからは、パリのエンゲルスとブリュッセルのマルクスに同盟への加入を呼びかける決定が出された。それには、マルクスとエンゲルスの考え方の全般的正当性と、同盟が古い陰謀家集団的な形態と伝統から自由になることの必要性との双方を確認したことが述べられていた。今度は、二人は

60　第Ⅰ部　生涯

この要請を受け入れ、同盟に加わった。ブリュッセルで開かれた同盟の「秘密」集会に、エンゲルスはパリから参加し、パリの三つの支部に働きかけを行った。

同盟の第一回大会は1847年の夏、ロンドンで開かれた。組織の再編が議決され、「共産主義者同盟」という名前が採択された。「ブルジョアジーの打倒、プロレタリアートによる支配、階級対立に立脚した古いブルジョア社会の廃棄と、階級と私有財産のない新しい社会の建設」が目的として定められた。この大会にはマルクスは出席しなかったが、多分エンゲルスは参加したものと思われる。そして、エンゲルスは議論の推移に決定的な影響を与えたと断言していいであろう。会議はさしたる論戦もなしに進んだ。

雑誌が創刊されることになったが、これはほんの数号が刊行されただけであった。有名になったアピール「万国の労働者、団結せよ」が初めて高らかに掲げられたのはこの雑誌のなかであるが、これによって、「人間、皆兄弟」という義人同盟の古くからの穏健な主張は追い払われてしまうことになった。「人間、皆兄弟」というスローガンの中にこそ、むしろ「民主主義者友愛協会」の考え方もハッキリと表れていたし、マルクスはまだこのスローガンのほうに強い共感を覚えていた。

マルクスは1847年11月29日ロンドンに赴き、［民主主義者友愛協会で］挨拶し、そしてポーランド革命の記念日を祝うのを一緒に手伝った。マルクスは記念の会合の演説で、確信に満ちた口調で、こう語った。「古い協会はもう失われた。チャーチストが勝利するだろうという自分の確信もまたそうだ。ポーランド人もイギリスで解放されるべきだ」。

2. 疾風怒濤—ロンドン移住まで（1843-1850 年）　*61*

続いてすぐに共産主義者同盟の第二回大会が始まった。この大会で、新しい規約を承認し、既に草案が提出されていた「宣言」について検討が行われることになっていた。議論は 10 日間にわたって続けられた。マルクスは公式にはこの大会に参加していなかったが、議論には加わった。エンゲルスはパリからこの大会に参加した。

　マルクスとエンゲルスは、［ベルギーの港町］オステンドで待ち合わせて、ロンドンまで一緒に船旅をした。その数日前、エンゲルスはマルクスに手紙を書いている。「けど、宣言については少しじっくりと考えて欲しい。教理問答は省略させて、『共産主義者宣言』という題名をつけるのが一番いいと思う」。このように書いた後、ロンドンの大会に持っていこうとしていた自分の草案について報告している。

　マルクスは「民主主義者友愛協会」での挨拶でポーランド問題を話すためにロンドンにやってきたのである。「民主主義者友愛協会」は、なお「人間、皆兄弟」という彼らのスローガンに拠って、マルクスに断固として反対した。

　その後で、マルクスは共産主義者同盟の第 2 回大会にも出席した。大会は、10 日間の討論の後で、マルクスが提案し採択するよう主張した、党としての綱領については、当時すでに著名な指導者となっていたマルクスとエンゲルスの二人に、その草案を最終的に完成させることを委嘱した。1847 年のクリスマスの頃、主要な輪郭が固まり、『共産党宣言』というタイトルが付けられた。これは 1848 年 1 月には、ロンドンで印刷され、「同志」に送付された。

　数カ国の首都にある若い職人達のクラブを構成メンバーとし

62　　第Ⅰ部　生　涯

ただけで、ドイツからの代表が全くいない国際的な同盟を、ドイツ語を使って「党」と呼ぶのは大胆なことであった。このことの中に、ドイツの党＝ドイツ社会民主党が実際に勝ち得た重要性が予感される。同党は一世代後においてもなおこの二人の指導者［マルクスとエンゲルス］の影響下にあった。さらに大事なのは、「共産主義的」という言葉の意味を明らかにしておくことである。

この言葉が、少なくとも［1848 年の］3 月革命前の青年ドイツ派の「開明的な」グループにおいては、特に「驚くような」響きを持っていたわけではないことを、我々は知っている。ライン川の向こう側、とりわけ騒然とした「セーヌ河畔の国際都市」［パリ］で世間を騒がした様々な学説や著述家にとっては、「共産主義的」というのは半ば「社会主義的」ということと同じような意味で使われていた。この共産主義と社会主義との違いが初めて広く知れ渡ったのは、ロレンツ・シュタインが1842 年に書いた本によってである。

だが、青年ヘーゲル派というもっと狭いサークルにあっては、この同じ年に、シュタインとは独立に、そして彼に先立って、モーゼス・ヘスが、啓蒙的な、共産主義を擁護する仕事を行っていた。ヘスは、共同体の秩序という意味からは、共産主義は博愛的かつ倫理的なものであると説いた。

1842 年 4 月、マルクスは自分が編集していた『ライン新聞』にヘスのフランス語の声明文を掲載することになった。ヘスの声明文は、「共産主義宣言」と名付けられていた！

　「ここに示されるフランスにおける共産主義の発展を一瞥すれば、共産主義というものが一つの重要な歴史的現象で

あることをドイツの読者は知るはずである。ライン川の向こう側では、共産主義は既に知識人の間でも大衆の間でも無数の支持者を獲得している。そしてそれ故に、気取った隻語半句の決まり文句でもってこれを精神病院へ追いやるわけにはいかないのであって、むしろ逆に、これを研究し、その内容上の価値に即した評価を行わなければならないのである」（マイヤー『フリードリッヒ・エンゲルス』第1巻、114頁）。

マイヤーの評伝によれば、エンゲルスはこの頃ヘスの影響を受け、その後なお3年間程も続いたこの影響のもとに、共産主義の立場に立つことを最終的に決意したとされる。この評伝者［マイヤー］の判断は間違いなく正しい。

これに対して、マルクスの場合のこうした決意の最初の痕跡は、その2年後に——マルクスとルーゲが作った『（独仏）年報』で——ようやく示される。しかも、エンゲルスにあってはその決意は始めから行動上のものだったのだが、マルクスの決意は当時はまだ行動上のものというよりは、思考方法上のものにとどまっていた。

もちろんエンゲルスもまた、「ドイツ哲学者」たらんとし、そうありつづけようとした。彼は、その最初のイギリス滞在の際（1843年）にチャーチストの間ではすぐに「ドイツ哲学者」として知られるようになった。エンゲルスはいつも二つの共産主義を分けていた。一つは、「哲学上の」共産主義である。これに関しては、彼にはヘスがドイツにおける先駆者であるように思えた。もう一つは、ドイツ人の職人達の共産主義である。彼らは、ヴァイトリングの主張を強く支持したうえで、すでに

64　第Ⅰ部　生涯

内密に連絡を取り合って、ドイツ国外にいるドイツ人遍歴者の組織を作っていた（マイヤー、120頁）。エンゲルスが認めようとしたのは前者であって、後者ではなかった。それにもかかわらず、彼はヴァイトリングをチャーチストに紹介することをなおざりにはしなかったし、ブルンチュリ報告（1843年のチューリッヒ政府への報告）が、ドイツ人職人達の共産主義は大きな影響力を持っているとしたときには、心底喜んだ。

　エンゲルスはまもなくイギリスでオーエン主義的な傾向を持った社会主義者達と密接な関係を結ぼうとし、それに成功した。チャーチストは周知の如く、直接、政治上の民主主義を実現することだけを目指していたが、エンゲルスの努力は、チャーチスト達に社会主義の精神を吹き込み、同時にイギリス社会主義にチャーチストの強固な意志を持たせることに向けられた（マイヤー、145頁）。

　エンゲルスはイギリス人にヨーロッパ大陸の社会改良運動の進展を理解させようとしたが、そのとき次のように考えた。イギリス人は現実の活動によって、フランス人は政治によって、ドイツ人は哲学によって、それぞれ「人類の未来は共産主義にある」という確信を得る、と。

　エンゲルスは当時、所有に関するプルードンの著作（1838年刊）を、「共産主義」のために書かれたものであって、フランス語による最も重要で最も優れた著作であると高く評価した。そして、エンゲルスの共産主義は、プルードンと同じように、無政府主義的な色合いを帯びていた（エンゲルスは「国家という全くのがらくたは決して『永遠』に存在するものなどではなく、再び消えていくはずのものだ」と言っている［マイヤー

2.疾風怒濤―ロンドン移住まで（1843-1850年）　65

150 − 151 頁])。

　エンゲルスは、ヘスの影響を受けて、共産主義を「ドイツ哲学の正統な相続人」と呼び、ドイツ人は、ドイツの偉大な哲学者達を拒否するか、それとも共産主義を受け入れるかである、とした。エンゲルスもまたヘスと同様に、主に知識人に期待していた。丁度その頃、ヘスは「ドイツ人職人達の共産主義的扇動はドイツのプロレタアートにあっては全く理解されていない」と言っていたが、これは十分に根拠のあることだった（マイヤー、153 頁）。もちろん、革命家エンゲルスにとっては、その思考様式からも、その気質からも、こうした状況は満足のいくものでは決してなかった。彼はプロレタリアートを啓蒙し、教化し、自覚させ、そして彼らの生来の本能的な共産主義的心情に拠ろうとした。こうした共産主義的心情が既に広まっているのをエンゲルスは知っていた。『聖家族』に書いた（分量的には短い）論文の一つでは彼は次のように言っている。

　　平和的民主主義者《Democratie pacifique 》が説いているような、希釈されたフーリエ主義は、一部の博愛主義的なブルジョアジー達の社会観以外の何者でもない。民衆は共産主義的であるが、ただ多くの異なった党派に分散している。真の運動とそしてこの様々な社会的傾向の調整は……やっと始まったばかりだ。それは極めて実務的な行動の中で成し遂げられるであろう。

　エンゲルスはさらに続ける。

　　フランス人とイギリス人の批判は同時にまた実践的なものでもある。彼らのいう共産主義は一種の社会主義であって、そこでは彼らは実践的、具体的な方針を提示する。そして、

単に考えるばかりでなく、それ以上に行動する。それは、現存する社会に対する、生き生きとした現実的な批判である。

　青年だったエンゲルスがその頃、共産主義の名のもとで何を理解しようとしていたかは、彼自身にもはっきりとはしていなかった。バウアー兄弟の証言に拠れば、ドイツでは、共産主義という言葉は、1843年の初頭には既に広く流布しているスローガンなっていた（マイヤー、155頁）。エンゲルスは、マルクスに宛てた彼の最初の手紙として知られる1844年9月末の手紙の中で、後にエンゲルスの義兄弟になる商人、エミール・ブランクのことを、ロンドンの共産主義者だとし、さらに次のように語っている。

　　ケルンではすごい宣伝活動が行われている。同じように、エルバーフェルトには多少混乱した（共産主義者の）グループがいる。僕の故郷バルメンでは、警察署長が共産主義者だ。僕のかつての学生仲間で、ギムナジュウムの教師をしているのも、すっかり共産主義にかぶれている。どこに向かおうとしても、どこに向きを変えようとしても、共産主義者に出くわす。共産主義者の居酒屋がある。ベデカーは共産主義者の出版業者だ。だから知識人の参加も多い。けど……共産主義が実践上も現実のものとなりうるということについては、ゲルマン人は皆まだ全然分かっていない。この哀れな状況を克服するために、僕は小さなパンフレットで、事態は既に進み出しているということを書こうと思っている。イギリスやアメリカで実際に共産主義が実践されていることについて分かり易く述べるつもりだ。これ

2.疾風怒濤―ロンドン移住まで（1843-1850年）　67

には、三日かそこいらかかるけど、連中はこれできちんと
分かるはずだ。

しかもその上、エンゲルスは直接大衆に働きかけることを熱
心に望んだ。

直接扇動活動が出来れば、すぐに我々が頂点に立つはずだ。
……しかしそれはほとんど不可能だ。とりわけ、我々のよ
うな、もの書きは、逮捕されないようにおとなしくしてい
なくてはならないからだ。

このことのためにどのくらいの日数を要するかについては、
三の三倍以上を必要とすることはまずなかろう、という以外に
エンゲルスは、何も言っていない。

1844年11月19日付けの第2信では、エンゲルスは、ケル
ンとボンでの自分の宣伝活動、さらに、イギリスの労働者階級
に関する自分の研究、そしてシュティルナー、フォイエルバッ
ハ、ヘスと取り組んでいること、などを報告しているが、その
最後に次のように言っている。

ドイツのあらゆるところで「社会主義」が前進する音が聞
こえる。しかし、ベルリンではことりともしない。狡猾な
ベルリン人は、全ドイツが所有制を廃止したときになって、
ハーゼンハイデ公園(ベルリン近郊の大きな公園:訳者)で、
やっと『平和的民主主義』を手にするのだろう。——この
連中は間違いなく、それ以上のことはしないだろう。

青年エンゲルスは、所有制の廃棄という天国がほんのすぐ近
くにまでやってきていることを、間違いなく信じていた。翌年
(1845年)の手紙からもまた、共産主義への若者らしい心酔ぶ
りが窺えるが、ここでも共産主義は「社会主義的著述家」が描

いたものと区別されてはいない。

　この間に、『イギリス労働者階級の状態』が書き上げられた。その（英語版の）前書きには、「バーメン、1845 年 3 月 15 日」という日付がある。この著作では、労働運動に関する章でまず、実体を持った最初のプロレタリアとしてのチャーチストが論じられ、次に、社会主義者のことが述べられる。

　　社会主義者は元来ブルジョアジーの出自であり、そのために労働者階級と一体となることはできない。「しかし社会主義とチャーチズムとの融合、すなわちフランス型共産主義をイギリス的なやり方で再生産することは指呼の間のことであろう。部分的には既に始まっている。チャーチストの指導者はほとんど全員社会主義者だ」。

　別のところでは、チャーチストの指導者の大半は「今やすでに」共産主義者だと言っている。そして——この本の最後の頁に——以下の注目すべき発言がくる。

　　共産主義は、プロレタリアートとブルジョアジーの対立の上に立つ。それ故、ブルジョアジーの中の優れた部分——といっても、その数は極めて少ないし、また青年時代に勧誘する以外には見込みはないが——にとっては、共産主義に与することは、純粋にプロレタリアのものであるチャーチズムに与するよりは容易なことなのだ。

　しばらく後になって書かれた論文の中でエンゲルスは、「民主主義、それは今日においては共産主義のことだ」と言っている。この後彼は、社会主義の「ドイツ的理論」と、それがシュタインと結びついていることへの批判にますます熱を上げていった。一方、「現実に何ごとかをやった唯一のドイツ人、ヴァ

2. 疾風怒濤—ロンドン移住まで（1843-1850 年）　69

イトリンク」については、軽蔑して語るか、全く触れないか、であった。

『共産党宣言』とパリ追放

エンゲルスは1846年夏のパリでもまだ、「放浪者達」に共産主義を伝道しようという熱意を持っていた。だがパリで彼はときにはヴァイトリンクの支持者と、そしてときにはプルードンやグリューンの支持者と争わねばならなかった。

ある時、彼らが、エンゲルスは共産主義の名の下でどういうものを考えているのか、を知りたがったことがある。エンゲルスは次の三つのことを挙げて、これに答えた。1. ブルジョアジーの利益とは対立するプロレタリアの利益を貫徹すること、2. 私的所有の廃棄とそれに代置するに財産共同体をもってすること、3. この計画を実現する手段として、力による民主主義的革命以外のものを認めないこと、この三つである。

カール・ハインツェンは共和主義者であり、ルーゲの支持者でもあったが、エンゲルスはこの1年後（1847年10月）、彼と激しい論争を行い、次のように主張している。

　　共産主義とは教義ではなく運動のことだ。それは原理からではなく事実から生まれるものであり、大工場等の産物なのだ。しかし、理論的に見る限りにおいては、共産主義とは、プロレタリアートとブルジョアジーとの階級闘争における前者の立場の理論的表現であり、プロレタリアートの解放の条件を理論的に総括したものである。（マイヤー、279頁）

エンゲルスはこの数週間後に「教義問答形式」で書かれた『共

70　第Ⅰ部　生涯

産主義原理』という著作のなかで、「共産主義とは何か」という最初の問いに対して、断固たる口調で、それは「プロレタリアートの解放の条件についての学説である」と答えている。――かくして今度は、共産主義は学説である。

　マルクスは自分の友人であるエンゲルスのこのような見解や発言に対して、この時どういう態度をとったのであろうか。知られているのは次のことである。1844 年 9 月以来彼らの間には極めて緊密な交流があったこと、そして、エンゲルスが1845 年の春ブリュッセルにやってきたとき、マルクスによって「共産党宣言の首尾一貫した基本的な考え」がすでに整理されていたのを見たことである。この基本的な考えでは、「それぞれの歴史的時代区分における経済的生産とそのことから必然的に生じる社会的構成とが、その時代区分の政治的・精神的歴史とそれから生じる必然的結果の基礎を造る」とされていた。

　このことや他の徴候などから、共産党宣言の第 1 章「ブルジョアとプロレタリア」はマルクスによって書かれたと結論づけてよいであろう。この章は、元来は、階級闘争について論じたものであり、ブルジョアジーとプロレタアートとの階級闘争を、ブルジョアジーが封建制と封建的絶対主義に対して勝ち取った階級闘争と対比している。それ故また、ここではプロレタリアを階級として組織することをも論じている。社会主義あるいは共産主義についてはこの章では何も語られていない。ブルジョアジーの没落とプロレタリアートの勝利から期待できるものは、両者の破滅とヨーロッパ文明の死滅以外にはないだろうとする者でも、本章の趣旨には同意できよう。

　次に、第 2 章「プロレタリアと共産主義」では、「これまで

の所有関係を廃絶するということは共産主義の本質を特徴づけるものではない。共産主義が何よりも他のものと違うのは、所有一般を廃棄するではなく、ブルジョア的所有を廃棄するということにある」とされる。ここには、エンゲルスが提出した草案にマルクスが加えた修正をはっきりと見て取ることができる。エンゲルスの草案では次のようになっていた（ベルンシュタイン版、21頁）。

> かくして、私的所有もまた廃棄されなければならない。……しかも、私的所有の廃棄は、産業の発展の中から必然的に生じた社会全体の秩序の変化を最も端的にそして最も明瞭な形で総括するものであり、それ故また当然のことながら、共産主義者によって中心的な要求として掲げられるであろう。

共産党宣言はさらに、「近代ブルジョア的私的所有」を、階級対立と一階級による他の階級の搾取とに基づく、生産物の産出と取得の、最終にして最も完成された表現であると特徴づけた上で、「この意味で、共産主義者はその理論を私的所有の廃棄という表現に要約できる」と言う。修正はここにおいて一層はっきりとする。

ここで、共産党宣言が書かれるまでの2年間にマルクスが書いたもの、それもマルクスが自分だけで書いたことが判っているものと比較してみよう。そのようなものとしては、上述した『哲学の貧困』とともに、マルクスが1847年に「労働者の前で」行った賃労働と資本に関する講演があげられる。この講演では、物質的生産手段の変化と発展に伴う社会的生産関係の変化についての理論がすでに付随的に触れられている（この問題は後に、

72　第Ⅰ部　生涯

1859年の著作［『経済学批判』］の序文で主題として論じられる）。このことは、マルクスの重要な代表作の対象となっているが、同時にこれは、主としてブルジョア社会のブルジョア的生産関係としての資本に関する一般的理論のスケッチである。叙述は厳密な意味で専門的であり、理論的にして冷静だ。

　資本の利益と賃労働の利益は真っ向から対立するというのが主題であるが、時折、労働者階級の状態と未来が陰鬱な光の下に照らし出される。労働の分割と機械制の拡大によって、労働者間の競争が拡大し、それとともに賃金はさらに減少する。このことは、小規模な生産者や小金しか持たない金利生活者が没落することによってさらに激化する。彼らは、仕事を求めて、労働者達と並んで、その腕を上げる。「かくして仕事を求めて、高く差し出される無数の腕は絶えず一層密になってゆく。そして腕それ自体はどんどんやせ細ってゆく」。この論文は『賃労働と資本』として、1849年に初めて公刊されたが、これは危機についての一文をもって終わっている。ここでも、社会主義と共産主義とについては何も語られていない。エンゲルスのような口調はここにはない。

　マルクスが1848年1月にブリュッセル民主同盟で行った「自由貿易について」という演説の核心が「自由貿易システムは社会革命を促進するのであって、この革命的意味において私は自由貿易に賛成する」という発言にあったことは事実であるが、この演説でもエンゲルスのような口調は見られない。

　マルクスとエンゲルスとの違いをもっと特徴づけるものがある。それは、エンゲルスが、「ハインツェンの、雪崩のように降りかかってくる罵詈雑言にたいしては、せいぜいが横っ面を

はり倒してやるくらいで、他には何とも答えようがない」と言ってきた際に（手紙20）、マルクスがエンゲルスとハインツェンの争いに割って入ったことに見られる。これは1847年11月中旬のことであった。マルクスは友人エンゲルスを窮境から救い出さねばならなかったし、またそうするつもりであった。この事件は共産党宣言が書かれる寸前に起こった。ハインツェンは次のように主張した。

　　権力は所有をも擁護する。君主制か民主制かという問いを前にすれば、あらゆる社会的な問題は消し飛んでしまう。共産主義が（エンゲルスの言うように）ある目標を持った運動であるとするならば、その運動は当然のことながらその目的の実現をもって停止するか、あるいは新たな運動に転化するか、しなければならない。

　マルクスは、「売り言葉に買い言葉」でこれに応じ、それ以外に次のように主張した。

　　ブルジョア階級の政治的支配は、その近代的な、そしてブルジョア経済学者からは必然的にして永遠の法則と宣言された、生産関係に由来する。1794年のように、歴史的過程において、その"運動"において、ブルジョア的生産様式の廃棄のために、それ故またブルジョアジーの政治的支配の決定的な覆滅のために必要となる物質的条件がまだ形成されない限り、プロレタリアートがブルジョアジーの政治的支配を転覆させたとしても、その勝利は一時的なものにすぎないであろう。それはただ、ブルジョア革命それ自体のための契機となるに過ぎない。人間は滅び行く世界の歴史的成果のなかから新しい世界をうち立てるのである。

人間は、発展過程のなかで新しい社会の物質的条件を自分
でまず作らなければならない。心情や意志がどのようにも
がこうと、人間をその運命から解放することはできない。
……所有の問題は、産業一般の発展段階の違いによって、
また特定の産業の発展段階も国が違えば異なることによっ
て、きわめて多様なものとなる。

当時のエンゲルスの著作からは激しい革命思想が溢れ出てい
るが、マルクスのこの文章ではそれは抑え込まれている。

エンゲルスは、ちょうどこの頃、すなわち1845年から47年
にかけて、暴力的なプロレタリア革命——最初はイギリスで起
こるとされた——とそれに続く所有の廃絶と共産主義への移行
を期待していた。そして期待するだけではなく、それを求めか
つ追求していた。その意味において、この時期エンゲルスは絶
えず自己展開を続けていた。エンゲルスの燃えるような気質が、
慎重なマルクスを揺さぶり、この方向への関心を持たせること
になったのは、当然のことである。

しかし、マルクスはかってのマルクスのままだった。という
のは、パンフレットのなかで語られていることだが、マルクス
は本来の報告のあとで、義人同盟の秘密の教義に「容赦のない
批判」を浴びせ、それに代えて、ブルジョア社会の経済的構造
に関する科学的な洞察を唯一の維持可能な理論的な根拠として
示しているからだ。これがマルクスの本質的な精神であった。
マルクスはまた、何かあるユートピア的なシステムを作り上げ
ることが問題なのではなく、「我々の目の前で進行している、
社会の歴史的な変革過程への自覚的な参加」が問題だとしてい
る。このように、誰にでも分かる簡単な形で説明すること、こ

2. 疾風怒濤—ロンドン移住まで（1843-1850年）　*75*

れがマルクスの精神であった。この言い回しは、次のような言葉で共産党宣言にも受け継がれた。「（共産主義の理論的な定義は）今、ここにある階級闘争、我々の目の前で進行する歴史的な運動、その現実の諸関係の一般的な表現にすぎない」。

のちにマルクスは、プロレタリアートがまだ十分に力をつけていない時期にあっては、プロレタリアートが階級として行動するためには、党派的活動にも根拠があることを認めた。しかし、彼は個人的には党派的活動に対して決して好感を持たなかった。マルクスは義人同盟には間違いなく参加しなかったし、義人同盟から求められた「綱領宣言」にも、ただ渋々と取り組んだだけであったが、それはこのことに理由がある。

宣言の件ではエンゲルスはマルクスをせき立てねばならなかった（上記を参照）。そしてロンドンの中央委員会は1848年1月24日にもきわめて厳しい警告をブリュッセル支部に寄せている。それによれば、「市民マルクスがその作成を引き受けた共産党宣言の文案が2月1日までにロンドンに届かなかったら、彼に対してさらなる処分が講じられるであろうことを彼に認識させる必要がある」とされていた（Mg 147頁）。マルクスがこれに関して、中央委員会の官僚をさらに嘲笑ったか、それとも罵ったかについては伝えられていない。

改変された同盟［共産主義者同盟］の第1回大会にはマルクスは出席していない。第2回大会もむしろ偶然に参加したようなものだった。マルクスは民主主義者友愛協会で挨拶するためにロンドンに向かっていたのであって、たぶん列車や船の中でエンゲルスが共産主義者同盟の第2回大会にも参加するように懸命にマルクスを説得したのであろう。マルクスは［第2回大

会の〕討論には参加した。そして、エンゲルスと一緒に宣言を起草するという依頼を受諾した。このように、懇願に根負けする形で、マルクスは共産党宣言を今日あるようなものにしていった。たとえエンゲルスの力が与っていたとしても、である。

この目立たない小さな著作（『共産党宣言』）が出版された直後、執筆者が思いもしなかった二月革命が勃発した。パリの臨時政府は市民マルクスを招いた。彼は「市民の王」たるレオポルド（ベルギー王：訳者）によってブリュッセルから追放処分となったばかりであった。マルクスは再びパリに移った。同じ時期、共産主義者同盟中央委員会はブリュッセル地区委員会、すなわちマルクスに指導を託したが、マルクスはパリからこの役割を果たすことを選んだ。

パリでは、ドイツ人共産主義者の仲間の革命ごっこに抵抗する以外にはたいしたことはできなかった。（「武闘派」の）ゲオルグ・ヘルヴェークは、武装集団を引き連れてドイツに進攻するという狂信的な考えをもっていたが、マルクスはこの考えを厳しく批判した（Mg160頁）。

興味深いのは、マルクスがドイツの三月革命の直後に「ドイツ共産主義者党の要求」を作成したことである。これは「委員会」を構成する6人の名で公表されたが、そのトップはマルクスであり、この小さな綱領は間違いなくマルクスが作ったものである。エンゲルスは（1885年の『共産主義者裁判を暴く』の前文において）この綱領を資料として取り上げているが、奇妙なことに、これには、2、5、6、10、12、13の各項が欠けている。エンゲルスが取り上げた条項のうち、1項、3項、4項は政治的なものであり（単一不可分の共和国、代議員に対する

2. 疾風怒濤―ロンドン移住まで（1843-1850年）　*77*

俸給、国民皆兵）、7項、8項、9項は農業に関するものであった（領主的、およびその他の封建的な所有にかかる耕地、鉱山、鉱業所は国有化されるべきこと、農耕は大規模な農地においてもっとも近代的な科学的な方法によって営まれるべきこと、抵当権の国有化と国家へ支払われる税金としての賃料）。11項では、国家がすべての輸送手段を掌握することを求めている。14項、15項では、相続権の制限と強い累進課税の導入を図ろうとしている。16項は国営工場の設立、17項は無償の一般教育を規定していた。今日の社会主義者の多くはこの要求の穏健さに驚くことであろう。マルクスはドイツの社会情勢を見誤ることはなかったのである。だから彼はこう言った。「全力でもって上述の措置を実施するように働きかけるならば、それは、ドイツのプロレタリアート、小ブルジョア、農民階級にとって、有益なものとなる」。

　マルクスはすぐにドイツに戻った。彼は、かつてのライン新聞を新たな形で復活させる時機が到来したと考えた。［1848年］7月1日から『新ライン新聞』が「民主主義の機関紙」として発行された。『新ライン新聞』は、フランクフルトの国民議会に対して、激しい批判を展開した。ベルリンの国民議会や、カンプハウゼン‐ハンゼマンの内閣に対しても同様であった。ロシアに対する革命戦争を要求し、ポーランドを熱烈に支持した。しかし、包括的な諸国民の親交などというものは「この上なく、くだらない素人政談」だとしだ。またデンマークに対する戦争を国民戦争として強く支持し、マルメの休戦協定を公然と批判した。

　だが、反革命が急速に進んでいった。マルクスは『新ライン

78　第Ⅰ部　生涯

新聞』のために個人的な犠牲を払わねばならなかった。『新ライン新聞』は時々発行を停止させられた。その頃になって、フェルディナント・フライリッヒラートが編集に加わった。1849年2月に、マルクスは、納税拒否と武装抵抗を扇動したとしてケルン陪審裁判所に告訴されたが、博学にして力に満ちた弁明を行った後で、無罪を言い渡された。この間に、反革命の勝利はますます鮮明になっていった。『新ライン新聞』は、最初はブルジョアジーとプロレタリアートの共通の利益を擁護しようとしたのだが、しだいにその革命的な性格を明らかにし、封建主義、絶対主義の克服は労働者階級の勝利にかかっていることを明言した。衝突が起こるのにそう時間はかからなかった。マルクスに対して退去命令が発せられた。『新ライン新聞』の最終号（5月19日付け）は、赤い用紙で印刷され、フライリッヒラートのよく知られた詩が冒頭に掲げられた。

　マルクスとエンゲルスは南ドイツに向かった。彼らはまだバーデンやファルツでの運動に期待をかけていた。ファルツの支配権を握っていた民主主義派の中央委員会は、マルクスに対して、パリで革命的党派を擁護するよう依頼した。こうしてマルクスは再びパリに戻った。

　エンゲルスは戦場に向かったが、マルクスは家族もパリに呼び寄せた。彼らがパリに着くやいなや、警察から巡査部長が慇懃な指示を持ってやってきた。マルクス「およびその夫人」は24時間以内にパリを離れなければならない、ただしヴァン（モルビアン県）に住む自由は与えられる、というものであった。マルクスはすでにロンドンに行くことを決意していた。今度は家族もついてきた。この大きな世界都市にまもなくエンゲルス

2. 疾風怒濤─ロンドン移住まで（1843-1850年）　*79*

も（ジェノバから）やってきた。かくして、既に死に瀕していたヨーロッパ革命と共に、「青年ドイツ派」の二人の若者、マルクスとエンゲルスの疾風怒濤の時代はここに終わった。たとえこの思想上の流派としての「青年ドイツ派」の最盛期が［1830年のフランスの］7月革命に続く 10 年の間に既に終わっていたとしても、マルクスとエンゲルスは「青年ドイツ派」の人間であった。

この「青年ドイツ派」という名前はその後も残り、マルクスとエンゲルスのエピゴーネン達もそう呼ばれた。一体何故か。民族的で富裕な市民階級はつねに連携を拡大していたが、この階級は新しい政治状況と新しい政治的影響力とを求めていた。「青年ドイツ派」はこの階級の最後の青年達であった。彼らは、不確かな思想と多方面の志向とに満ち、文学を好み、犠牲的資質を持ち、かつ戦闘的であった。そして、国民に対し、国民の全ての階級に対して、とりわけ抑圧され苦しんでいる階級に対して、人間と人間性とに対して、情熱的な希望と期待を寄せた最後の青年達であった。もっとも、こうしたことは、政治的な経験のひどい欠乏と、そして政治的判断力の悲しいほどの欠如とにつながっていったのだが。

マルクスとエンゲルスは、二人ともラインラントの人間だった。一方はユダヤ人の出であり、もう一方は生粋のマルク伯爵領邦の出身であったが、ともにこの「青年ドイツ派」に属していた。二人はこの集団の中で傑出した存在であった。次の世代にあっては、二人の存在感は消え去るのではなく、逆に成長していった。マルクスとエンゲルスが、彼らが生きた時代の特質を、誰よりも鮮明にそして鋭く見極め、それに対応していった

80　第Ⅰ部　生涯

からである。また遠い将来を見通して、憲法や法律のどんな問題も社会問題の前では色褪せてしまうこと、多くの大国の内部で、つまりは、文明的世界の全体で、資本と労働の対立が拡大し、それによって、前世紀に豊かに華やかにそして眩いばかりに花開いた文化全体の運命が左右されるような重大な決断を迫られるようになるであろうこと、こうしたことを彼らは意識していたからである。マルクスとエンゲルスは「このことについて何かを知っていた」のだ。それ故に、彼らは苦しみ、罰を受けなければならなかった。彼らの精神と名前は礫にされ、火炙りになるほどだった。今日においてもなお、多くの者にとって彼らは嫌悪と憤激の対象である。

　半面、マルクスとエンゲルスを英雄視する人々、そして光り輝く来たるべき時代の予言者とする人々、こうした人々は多くの国々において何百万にもなっている。二人のことをどこまで本当に理解しているか、あるいは二人とどこまで精神が通じ合っているかは別としてでも、である。マルクスとエンゲルスは勝利を得たのであり、そして彼らは今も生きているのである。

　二人の勝利には幻想や根拠のない思いこみが作用したとか、事態の最終的な姿は二人が思い描いていたものとは著しく異なるものになったとか、言われるかもしれない。マルクスは全くもって沈黙の思索者、占星術家であり、エンゲルスは熱狂的かつ好戦的人間の顔つきをした人間だと評されることもあろう。マルクスを予言者とし、エンゲルスを夢想家とし、二人とも大それた予感とひどい思い込みによって熱狂してしまった、と言われることもあろう。それでも、彼らの敵といえども、彼らの精神の勝利には、異議を唱えることはできないのである。

2. 疾風怒濤―ロンドン移住まで（1843-1850 年）　*81*

革命は終焉し、それはマルクスとエンゲルスの希望の当面の
終焉を意味した。血気さかんであったエンゲルスには、とりわ
け打撃は厳しかった。彼にとって、イギリスの「社会」革命が
起こることは寸毫も疑う余地のないものであった。「富める者
に向かっての、貧しき者の、全面的な、公然かつ直接的な戦いは、
今やこの国では避けがたいものとなっている。自分達が危機以
下的状況に落ち込んでいくのを人民が黙ってみているとは、自
分には信じられない」。エンゲルスは 1844 年ないし 45 年にそ
う書いた。共産主義に同調する知識人に対しても、彼はエルバー
フェルドで、イギリスは「社会革命の前夜」にあると説いた。
共産党宣言も、イギリスのチャーチストや、北アメリカの農業
改革者達を、広範な組織をもった労働者の党であると見ていた。
それに対する共産主義者の関係は自明のものであった。共産主
義者は実際に、あらゆる国の労働者の党において、最も重要な
そしてたえず運動を推し進めていく部隊になろうとしていたの
だから。

　だが、このかつての組織された労働者の党は、一体どこに
残ったというのであろうか。革命の年 1848 年の幕が開くや否
や、チャーチズムは風に舞う籾殻のように飛び散ってしまっ
た。アメリカの全国農業改革者については、さらに僅かな痕跡
しか残っていない。フランスではどうであったか。エンゲルス
の考えによれば、フランスでは既にブルジョアジーが支配的
権力者であり、したがってプロレタアートはそれだけ早々に権
力に近づくことになるはずであった。そこで一体何が起こった
か。第二王政の成立である。第二王政は、少なくとも最初のう
ちは、純粋なブルジョアジーによる支配を意味するものではな

82　　第 I 部　生涯

かった。マルクスとエンゲルスはこの第二王政の最初から最後
までを見届けることになった。彼らはまた第三共和国の登場も
見た。真正のブルジョアジーの政権を初めて確固たるものにし
たのは、第三共和国であった。たしかに、この間に 1848 年 7
月の戦いがあり、1871 年のコミューンの蜂起があった。だが、
それらはプロレタリアートの血まみれの敗退であった。プロレ
タリアートは政治的な意味ではゆっくりと発展していったが、
最後には［第一次］世界大戦によって、再び完全に麻痺させら
れてしまうのを、我々は見ることになる。

　それでは、ドイツはどうだったか。共産党宣言はこう言う。「共
産主義者はドイツに大きな関心を向けている。何故なら、ドイ
ツはブルジョア革命の前夜にあるからであり、17 世紀のイギ
リスや 18 世紀のフランスの場合と比べて、ヨーロッパ文明全
体がより進歩しているという条件の下で、そして著しく勢力を
増したプロレタリアートと共に、革命を遂行することになるか
らである。それ故、ドイツのブルジョア革命は、直接プロレタ
リア革命につながる単なる序曲に過ぎないといっていい」。

　世界史は独自の道を進み、そして予言者をあざ笑った。

3. 『経済学批判』、『資本論』第1巻の完成まで（1850-1867年）

『フランスにおける階級闘争』と『ブリュメール18日』

1848年の秋、マルクスとエンゲルスは今度はロンドンで一緒になった。マルクスが最初に考えたことは、もう一度自分の新聞を復刊させることだった。彼らはまだプロレタリアートの世界革命の到来を期待していたが、それに向けて強固な準備をするためである。ハンブルグの出版社に委託して、『新ライン新聞——政治経済評論』が出せることになった。ロンドンで執筆される雑誌としては奇妙な題名であった。だがこの雑誌は4号以上は出せなかった。最後の号は1850年4月のものであった。

エンゲルスはこの雑誌に、「ドイツ帝国憲法キャンペーン」についての論文と、唯物史観の観点からのドイツ農民戦争についての論文を書いた。マルクスにとっては最も重要だったのは、フランスの現代史であり、その原因と経緯を解明しようとした。そして次のことを確信するに至った。「1847年の世界経済危機が、2月革命と3月革命の本当の生みの親であった。1848年の半ばから再び徐々に始まり、1849年と1850年に全盛に達した産業の好況が、ヨーロッパの反動を新たに、より力強く復活させた力であった」（マルクスの死後、1895年にエンゲルスはそう語っている）。「新たな革命は新たな危機によってのみ可能となる。そして危機と同じように革命もまた確実に起きる」。エ

84　第Ⅰ部　生涯

ンゲルスは友人マルクスと合意の上で、1850 年の秋にそう書いた。

　マルクスが『新ライン新聞』の掲載した「フランスの内乱」の第 1 節は 1848 年 8 月までのフランスの階級闘争を論じている。ここでマルクスは、革命的前進のための道は、その直接の「悲喜劇的な」諸成果のなかに拓かれるのではなく、逆に、結束した強力な反革命の出現、それと戦うことによって初めて過激派が本当の革命党に成長するような敵の出現、そのなかにこそ拓かれると主張した。これが根拠とするのは、ルイ・フィリップのもとで支配していたのはフランスのブルジョアジーでなく、そのフラクションの一つである金融貴族だけだとする認識である。金融貴族たちの「高教会」（権威の象徴：訳者）は銀行にあった。

　二月革命はブルジョアジーの支配を完成させる必要があったが、これは金融貴族と共に有産階級全体を政治的権力層に入り込ませることによってなされた。「普通選挙権によって、フランス人の圧倒的多数を形成する名目上の所有者、すなわち農民がフランスの運命の審判者に就かされた」のである。したがってこれまでしばしば、全ての先進国において圧倒的多数派となっているのはプロレタリアートだと、言われてきたが、フランスではそうではないということになる。

　当然のことではあるが、今でもなおそうであるように、プロレタリアートという言葉は、ある時は、他の全ての労働者を排除した、工場労働者の階級として捉えられたり、またある時は、小農民、農業労働者、それどころか農民全体をも含んだ階級として捉えられたりして、気分次第で、いいように扱われる。「そ

うであったとしても」と、マルクスはさらに続ける。

　国民議会によって宣言された、唯一の合法的な共和国はブルジョア共和国であった。勿論プロレタリアートの圧力のもとではあったが、それは「社会的機構」をもった共和国となるはずであった。何故なら、「パリのプロレタリアート」は、――ここではプロレタリアートという概念は状況に即して縮小する――そもそも共和国の任務がどのように問題になるのか、現実にどこでそれが問題になるのか、といったことについて、ブルジョア共和国を乗り越えることは、イメージや空想以外にはまだ出来なかったからだ。しかし、現実の共和国はパリのプロレタリアートを満たすものではなかった。二月革命の社会的幻想はすぐに破れた。パリのプロレタリアートはブルジョアジーによって蜂起を強いられたが、これは6月には敗北した。このことによって、初めて本当のブルジョア共和国が生まれる場所ができた。また、フランスがヨーロッパ革命のイニシアティブを掴むためのあらゆる条件もそのことによって初めてつくりだされた。「新たなフランス革命は、直ちに国民という基盤を離れ、ヨーロッパという領域を獲得しなければならない。そこでのみ、19世紀の社会革命は完遂しうるのである」。この19世紀は、20年前もから、今こそ終わるべきものであった。

　論文「フランスの内乱」の第2節は、小市民の大量の破産、財政赤字の増大、機動親衛隊の勝利、戒厳令の実施、救貧法のなかの労働関係諸法規の変更、といった敗北の直接の結果を描いている。労働法は確かに単に「惨めで、はかない願望」にすぎないが、「労働法の背後には資本を超える力があり、資本を

86　第Ⅰ部　生涯

超える力の背後には、生産手段の占有、団結した労働者階級への資本の屈服、それゆえに、賃労働、資本、そしてその両者の関係の廃絶といったものがある」。これまでのところ（1920年までのところは）、フランスで労働法が復活したことはまだ一度も無い。1848年12月10日（大統領選挙日）には小市民階級もプロレタリアートも一緒になってナポレオンに投票したにもかかわらず、マルクスは、この日を農民反乱の日として描く。次いで述べられるのは、バロの内閣、塩税の復活、国民議会の解散に関するラトーの提案、同じ内容の請願の嵐、議会自身の決定、クラブの弾圧、共和国の外交政策、「惨めな議会」の舞台からの退場、制憲議会の選挙と、その議会のもとでの1849年5月29日の立憲共和国の登場、などである。これに続いて、社会的条件という歴史的観点から諸党派が性格付けされる。

　論文の第3節は、1849年6月13日から1850年3月10日までを扱う。6月13日はパリの民主的小市民の平和的デモが行われ、そして失敗した日である。秩序党の勝利の後、議会は8月に休会となった。10月に再開されたとき、議会の容貌は一変していた。大統領との対決が告げられたのだ。大統領は自分の番頭のような内閣を作り、執行権者を立法権者と対決させた。大統領は金融貴族と盟約を結び、金融貴族はユダヤ人フールを介して内閣に入り込んだ。ワイン税の復活が農民を動揺させた。

　「社会民主党」、すなわち赤色共和国の党が、ブルジョア独裁に反対する連合体として登場した。「プロレタリアートは、革命を起こそうとしていたところであったから、挑発に乗せられて小さな暴動を起こしがちであった」。1850年3月10日の補欠選挙は社会主義者の勝利となった。これは、1848年12月10

日や 1849 年 6 月 13 日と同様に、1848 年 6 月のこと［労働者
武装反乱の鎮圧の結果としてのブルジョア共和国の誕生］を帳
消しにすることを意味した。1850 年 3 月 10 日には「我が亡き
後に洪水は来たれ」というスローガンが掲げられていた。

　第 4 節では、いよいよ 1850 年 5 月 31 日の普通選挙権の廃止
について語られる。最初に説明されるのは、この反動を引き起
こした原因としての全般的好況である。包括的で生き生きとし
た記述、鋭く辛辣な性格描写、世界史にかかわることになる大
衆のそつのない処理、隠された関係の解読、こうしたものを息
もつかせぬ論調で浮かび上がらせる、こういったマルクスの
文筆家としての力量、これが既にこの論文の中で現れている。
1852 年に出版された風変わりな文書である続編、『ルイ・ナポ
レオン・ボナパルトのブリュメール 18 日』の中では、それは
さらに強く鋭くなっている。

　この続編では、前の『新ライン新聞』に掲載された論文での
結論となった予測は勿論退けられなければならなかった。『新
ライン新聞』の論文では、産業の危機の勃発とともに、新たな
プロレタリア革命が起こることが期待されていた。そして前例
の無いほどの好況の後、1851 年の秋にはその危機の兆しが現
れたように思われた。だがこれは思い違いであることが明らか
になった。ルイ・ナポレオンが勝利したのである。今やマルク
スはこの勝利を説明しなければならない。

　『ブリュメール 18 日』は、この帝位要求者＝ナポレオン・ボ
ナパルトを何よりもパリのルンペンプロレタリアートの頭領と
して描いている。ルンペンプロレタリアートという人種は階級
として認めることはできない。彼らは単に、あらゆる階級の屑、

88　　第Ⅰ部　生涯

塵、残滓にすぎず、全く漠とした、ばらばらの、あちらこちらに放り出された大衆、であった。フランス人はこの連中のことを「ボヘミアン（放埒者）」と呼んでいた。これは、風変わりな様々な社会的成分から構成されており、いかがわしいやり方で生活の糧を得ている落ちぶれた道楽者から、能なし、お喋り屋、乞食にまで及んでいた。歴史自身がまず、クーデターに先立つ過去の事件を改作して再演する。ワイン税とこれに反対する農民暴動についてはもはや何も語られていない。明らかにマルクスは、農民がプロレタリアートの翼下に入ることを期待していた。

　叙述は辛辣さを増している。議会クレチン病が「1848年以来、ヨーロッパ大陸全体に蔓延したあの奇妙な病気」として弾劾される。憲法制定会議の多数派が、大統領府の大臣を攻撃し、議会における勝利もまた勝利であるとみなし、そうすることで大統領に打撃を与えられると信じていたときに、マルクスはこう弾劾したのである。憲法修正問題が大きな問題として表面化し、諸党派を混乱させる。危機と社会的パニックがそれに加わる。「合同、修正、会期の延長、憲法、陰謀、連立、亡命、王位纂奪、議会制共和国の革命。これらの言語に絶する、そして騒々しさに満ちた混乱の中で、ブルジョアジーが、終わり無き恐怖よりは恐怖を伴った終わりのほうがいい、と狂ったようにわめき立てる。それは分からない話ではない」。「ボナパルトはこの叫び声を理解した」。クーデターの影がだいぶ前から落ちていた。マルクスは次のように言う。

　「社会主義共和国は二月革命の初頭における常套句、予告として現れた。それは、1848年6月にパリのプロレタリアー

トの鮮血の中で圧殺されたが、このあとに次ぐドラマの各場面の中で亡霊のようにうろつきまわる。……フランスのブルジョアジーは労働プロレタリアートの支配に抵抗し、ルンペンプロレタリアートに権力を握らせた……」。「ルンペンプロレタリアートの頂点に立ったのは、外国から逃げ帰ってきた投機師であった。彼は酔っぱらった雑兵達の指導者にまつりあげられたのだが、酒とソーセージで雑兵達を買収したのであって、一旦そうした後では、絶えず、新しいソーセージを与えなければならなかった」。

　——「だがそうではあっても、国家権力は空中に漂っていたわけではない。ボナパルトは、一つの階級、それもフランス社会で最も人数の多い階級、すなわち分割地農の利益を代表していた。それゆえ、決して単に、ルンペンプロレタリアートという階級ならざる集団だけを代表していただけではない。ボナパルト王朝は、保守的で、非革命的な農民を代表していたのだ」。「分割地所有が発展してゆけば、それは必然的に資本の奴隷となるが、そのことでランス国民の多数を占める分割地農を穴居人に変えてしまった」。「分割地農はそれゆえ当然のことながら都市のプロレタリアートを同盟軍、指導者とした。都市のプロレタリアートの任務はブルジョア的秩序の覆滅である」。

論文の最後で展開されるのは、ナポレオンの思想である。これは「未発達の若々しい分割地の思想」ではあるが「古びた分割地にとっては気違いじみた考え」でもある。ナポレオンの矛盾に満ちた任務が矛盾に満ちた体系を生み出し、そして矛盾に満ちた体系が矛盾に満ちた任務を生み出す。ナポレオンは「秩

序の名において無秩序そのものを産み出し、その間に、あらゆる国家機関から神聖性を剥ぎ取って、それを世俗化し、同時に不快にして滑稽なものとする」。

マルクスの歴史の描き方や捉え方をどのように評価するにせよ、彼は、『フランスにおける階級闘争』と同様、『ブリュメール18日』においてジャーナリズムの傑作を生みだしたのである。

ゾンバルトは、カール・マルクスの生涯を通じた、才気あふれる雄弁な仕事を、芸術家の仕事であったとする。そしてマルクスの表現方法は不作法にして無遠慮ではあったが、類例を見ないほど力強いものだったとして、次のように言う。

　　マルクスの語り口のなんと燃え盛っていることか。その語り口は対象に即することをいかに知っていることか。思想がなんという情熱と、なんという先鋭さでもって展開されていることか。文章の最後の行の終わりまでなんという荒々しさでもって突き進むことか。その描写がいかに光彩あふれ、輝いていることか。事件が、汲めども尽きぬ井戸からのように、なんとこんこんと湧き立ち、溢れ出ていることか」。

ゾンバルトが鋭く指摘したこの特徴は、全て『フランスにおける階級闘争』の中の文章によって容易に確認できるが、『ブリュメール18日』はこの点でその上を行く。『ブリュメール18日』はさらに、「唯物論」の方法の適用可能性と、同時にまたその限界とを、重要な試験材料を用いて実証したという意味において、不朽の重要性を持つ。

エンゲルス自身は、1895年に最初の論文〔『フランスにおけ

る階級闘争』］を本にして出版するにあたって書いた序文にお
いて、次のことを告白しなければならなかった。

　　　個別の事件あるいは一連の事件を評価する際に、日々の出
　　来事から「究極の」経済的な原因まで遡ることは決してで
　　きない。失敗の原因は、事件と同時並行的に生じる経済状
　　態の変化をいつも正確に観測することはできないというこ
　　と、ましてやその出来事が自らが生きている時代のことで
　　ある場合はとてもできないということにあるが、これは避
　　けえないものである。

　経済状態が、検討されるべき「全ての」事件の本質的な基礎
であるとした場合は、［唯物論の］方法を過大評価することに
なり、そしてそのことはこの方法を直ちにドグマ的なものにし
てしまうということ、すなわち、証明されるべきものであって
も、証明されえないものがある、ということをエンゲルスは正
しく知っていた。ただ、マルクスはこのことをほとんど理解し
ていなかった。

　『ブリュメール18日』の初出は1852年の春のことで、ある
月刊誌の第2号としてであった。この雑誌は、新大陸に移住し
た同志の一人が、ニューヨークで発行を企画したもので、ボナ
パルトのクーデターに直接に影響されて生まれたものであっ
た。マルクスにとっては、政治的な著述を行うことは、それが
生まれる原因になった事件と同様に、経済学研究の中断を余儀
なくさせるもののように感じられた。マルクスはロンドンで再
び経済学の研究に取りかかろうと考えていた。もっとも、マル
クスの研究は最初のうちはもっぱら国民経済の歴史的発展に向
けられた。目的は明らかに、自分の理論をその発展の必然的な

結果として展開することにあった。ヘーゲルが、はじめ、自分の哲学を哲学史の究極点として書こうとしたのと同じことである。この著作は、当時、マルクスが大急ぎで書き上げてしまったものかもしれない。だがこれは、1850 年代のドイツではどんな著者も書きえないものであった。

「ニューヨーク・トリビューン」の通信員

　旧来のやり方通りに行儀よく食卓に着くような社会にとっては、マルクスとエンゲルスは、当分の間まるでタブーとなった。エンゲルスは彼の父親によって「家に連れ戻された」。彼はいやいやながらマンチェスターの工場の経理室に戻った。マルクスにとってはロンドンでの最初の一年間は苦しいものだった。しかも後年には、もっとひどい困窮に頻繁に襲われた。家族が増えていった。マルクスの妻は勇敢で有能であったが、彼女も日々の生活の不安と苦悩をいつも解決できるわけではなかった。エンゲルスは出来る限りの援助を行った。

　エンゲルスがマルクスに期待したのは、共産主義の科学的基礎となるべき、社会経済生活に関する新しい偉大な理論であった。マルクスはだが、ある新聞社の報酬の安い労働者とならねばならなかった。しかしそれでも、この新聞『ニューヨーク・トリビューン』によって生計手段を与えられたことを感謝しなければならなかった。同紙は、マルクスが意のままにならないこの時期に、彼が「自分の意志にそった好きな仕事」を手掛け、創造するための力と時間を残してくれた。

　ただマルクスは、準備的な研究である『経済学批判』(1859 年)

3.『経済学批判』、『資本論』第 1 巻の完成まで（1850-1867 年）　93

を書いたあとは、『資本論』の第1巻を完成させただけだった。これは、たいていは、単に「マルクスの『資本論』」として知られている。マルクスの死後にエンゲルスによって、そしてエンゲルスの死後はカウツキーによって編集された部分は、分量において『資本論』第1巻を遙かに超えているが、その及ぼした影響という点においては、この第1巻に遠く及ばない。

『資本論』と並行して書かれた短かな著作についても触れておこう。これまでのところ、マルクスの政治的な文書はようやく不完全な形で再発掘されたばかりだが、これらの文書もまた学問的な色合いが強い。マルクス自身が嘆いているところだが、政治的な文章を書くことは彼の研究をひどく分断してしまうことになった。またこのためにマルクスはどちらか一方に専念することはなかった。これは実に残念なことであった。

臨時の寄稿者としてではなく、フルタイムの職員として新聞社の通信員になるにはマルクスはあまりに学者すぎた。単なる生活費稼ぎのこうした仕事に割く時間をもっと少なくし、その分だけ学問研究に充てる時間を増やしていたなら、マルクスの人生はもっと実り豊かになっていたであろう。

あらゆる点から見てエンゲルスは、誠実に、親切に、そして献身的に、マルクスを援助した。エンゲルスはまたマルクスの著作活動に関しても、助言をしたり、自ら執筆もしたりして、マルクスを支えた。たとえば、アメリカの新聞のために書かれた、ドイツにおける革命と反革命に関する最初の著作は、1896年になってようやくマルクスの仕事としてドイツ語に翻訳されたが、たとえその一部は『新ライン新聞』のマルクスの論文に拠るものであったとしても、著作の大部分は実際はエンゲルス

によって書かれたものだった。「将軍」と呼ばれたエンゲルス
は、自分が好きだったこともあって、後年には主として軍事に
関する論文を書いていた。マルクス自身はのちにいくつかのド
イツの新聞にも記事を書いている。マルクスに仕事をさせると
いうのはドイツの新聞にとっては冒険であったが、この冒険を
敢えてやった新聞があったのである。またもっと早い時期には、
その頃まだ発行されていた、チャーチストの機関紙『民衆新聞
(People's Paper)』にも無料で寄稿している。

　しかし、マルクスのジャーナリストとしての仕事の圧倒的部
分は『ニューヨーク・トリビューン』の求めに応じたものであっ
た。『ニューヨーク・トリビューン』のために、マルクスはた
えず注意深くそして慎重に、イギリスの政治と世界の政治を観
察していた。この観察はまた、彼流の思考方法に沿って、世界
経済の進展と関連づけてなされた。かくして一連の貴重な研究
が生まれた。その約半分は、ロシアの研究家、N・リャーザノ
フの編集によって、現在は自由に読めるようになった。マルク
スが最も関心を寄せたのはオリエント問題であり、クリミア戦
争であった。パーマストン（イギリスの外相、首相：訳者）の
政策に鋭い視線が向けられ、汎スラブ主義が決定的重要性を
持ったものとして把握される。そしてその陰謀と策略が余すと
ころなく暴かれる。叙述の多くはスポット・ライトのように、
ごく最近の事件に当てられる。この事件は、汎スラブ主義を西
ヨーロッパの大国の寵児とし、1855年から56年にかけてはト
ルコからこれを守り、育て、そして暴走させた事件であった。

　マルクスは亡命したユダヤ人であったが、そのドイツ人気質
と、そしてドイツの民衆と祖国に対する義務を忘れることは決

してなかった。『ニューヨーク・トリビューン』のアメリカ人編集者ディーナは1860年に彼を次のように評価した。

> 私の目につくあなたの唯一の欠点は、あなたが時として、アメリカの新聞にとってはあまりにもドイツ的にすぎる感情を見せてしまうことです。ロシアやフランスのことを語るときがそうです。ツァーリズムやボナパルティズムに関する問題については、あなたはドイツの統一と独立にあまりにも強い関心と、あまりにも深い熱望を顕わにしすぎるのではないかと、時折考えたものです。

このことは、イタリア戦争の折りに、とりわけはっきりと現れた。編集長であったディーナは、フランスの皇帝によってイタリアが自由になることが期待できるとは、マルクスほどには信じていなかった。ディーナはこう言った。

> あなたは他の愛国的ドイツ人と同じように、ドイツが不安に駆られる現実的根拠があるとお考えのようですが、私にはそうは思えません。

この時期のマルクスの研究には（これに加えてエンゲルスの論文にも）、19世紀の歴史を批判的に、すなわち社会学的に立ち入って考察した膨大な資料が含まれている。彼ら自身は、確固たる党派的人間であったが、彼らの党派が当時まるで重要性を持っていなかったことや、いわゆる端役的役割を演じたに過ぎなかったことから、彼らに、観察者としての公平さ、「非党派的」な公平さといったものを、ある程度与えることになった。それは、もう始まってしまった決闘の進展と結果を、時計を手にしてじっと待っているような公平さである。

マルクスは新聞社の通信員として、不変の真理と事件の原因

96　第Ⅰ部　生涯

を鮮明に捉える閃光とを書き残した。それを集めて評価するには、それだけで一冊の本を要するであろう。無作為に一例を取り出してみよう。次のものは、1853年7月19日付のオリエント問題に関する論文の概要である。

　ロシアの広大な全領土はたった一つの貿易港に頼っている。しかもその港は、半年は航行不能で、残る半年はイギリス人が容易に近づける海に面している。ツァーはそれを不満に思い、腹に据えかねている。ツァーの祖先は、地中海への入り口を手に入れることを計画していた。ツアーは彼の祖先のこの計画を遂行しようとしている。ツァーはオスマン帝国の辺境地帯を次々と切り取っていき、遂にはオスマン帝国の心臓であるコンスタンチノープルがその鼓動を停止しなければならないまでになった。トルコ政府が外見上堅固になることや、スラブ人の自己解放という一層危険な兆候が出てくることなどによって、ツァーのトルコに対する意図が危険になると、そのたびに、彼はトルコへの侵攻を周期的にくり返してきた。ヨーロッパの大国が小心で臆病なことを見越して、ツァーはヨーロッパを脅し、そしてその要求を最大限にまで高めていった。それは、あとで彼が、自分の手に入れようと本来思っていたものでもって満足するさいに、自分は相当の譲歩をしたのだとして、いかにも懐が深そうに見せるためである。

　そのうえマルクスは、ヨーロッパ諸国の反動的な政府の屈辱的な対応や、ヨーロッパ文明をロシアの侵害から守ることについての彼らの明らかな無能さを、革命政党にとっては好都合なことだと考えていた。

　　3.『経済学批判』、『資本論』第1巻の完成まで（1850-1867年）　*97*

リャーザノフが編集した2巻本に納められた多数の論文の中で、今なお依然として興味深いのは、ドイツと汎スラブ主義に関する論文である。マルクスの意見では、汎スラブ主義のいわゆる民主的形態、社会主義的形態なるものが、通俗にして真正のロシア型汎スラブ主義と異なるのは、根本のところ、ただその言葉遣いと見せ掛けによってだけである。

　さらに注目に値するのは、パーマストン卿に関する論文である。この論文は1853年にチャーチストの機関紙『民衆新聞《People's Paper》』に全文が掲載されたものである。リャーザノフが編集した論文集には英語で掲載されている。マルクスはこの論文を長文の告発状のつもりで書いたのだが、それは同時に、彼の特徴である舌鋒の鋭さと才気の輝きを感じさせるものとなっている。パーマストン卿は政治家として多くの成果を上げたが、マルクスは、その有能にしてすぐれた側面を正当に評価しつつ、彼の行動と政策の矛盾を示すことで、彼の内面における卑小さを暴こうとしている。マルクスは言う。「弾圧者達はいつもパーマストン卿の助けをあてにできる。ただ、彼は弾圧するにあたっては、大変な労力を費やして、言葉づらの寛容さを示そうとする」。この「火つけ棒」と呼ばれたパーマストン卿について、マルクスはさらに1855年、『新オーデル新聞《Neue Oder-Zeitung》』に簡潔な跋文を書いている。

　リャーザノフが編集した論文集には1856年4月までのものしか収められていないが、マルクスが、イギリスの政治状況についても数多くの観察を行っていることが見てとれる。政党と党派、寡頭政治、商業、好況と恐慌、選挙の腐敗、金融界のペテン師達、そして議会主義のありとあらゆる虚偽性、が語られ

ている。またしばしば軍事問題が検討されているのも見受けられるが、これらは例外なくエンゲルスの筆によるものだ。

エンゲルスはマンチェスターで「悪徳商売」に専念しなければならなかった。彼はこれを強いられながらも、マルクスの研究活動を促し、プロレタリア革命の準備をした。エンゲルスは、そのこと以外には人生の目的を知らなかった。世界の出来事や日常の政治をたえず観測すること自体は、学者肌のマルクスよりはエンゲルスの方が向いていた。

マルクスは絶えず経済学の研究を妨害されていると感じていたに違いない。イギリスやヨーロッパ大陸での注目すべき経済的事件に関する論文を書くことが通信員としての重要な任務の一部であったとしても、そのことは「本来の経済学研究の領域外にある、日常的なこまごまとしたものに精通する」ことを余儀なくされるからである。マルクス自身が1859年1月にそう語っている。

『経済学批判』と『資本論』

マルクスは経済学の研究を数年間中断した後、1850年から再びそれに取り組んだ。「大英博物館に集積された、経済史に関する膨大な資料は、ブルジョア社会の観察ということに関して、ロンドンを最も有利な観測地点にしている。オーストラリアとカルフォルニアでの金の発見の後、ブルジョア社会は新しい発展段階に入り込んだように見える。そのことで僕はついに、もう一度最初からもう一度やり直すこと、新しい資料によって批判的にやり通すことを決意した」。マルクスはそう語ってい

る。

　今見ているのは、マルクスの人生の第 3 期であるが、その最後に、この広範な領域の仕事の成果がまとまった。『資本論』第 1 巻の最初の構想が生まれたのは 1859 年のことであったが、この年には、マルクスは鋼のごとき勤勉さでもって、上述した種々の妨害を乗り越え、「出版するためではなく、自分自身の理解のために、随分と間をおいた別々の時期に」、一連の短い論文を書いた。マルクスは、この膨大な素材を関連づけながら編纂するなかで、それにふさわしい壮大な計画を立てた。資本、土地所有、賃労働、国家、外国貿易、世界市場という順序でブルジョア経済の全体系を分析しようとしたのである。後にマルクスは、上記の 6 項目のうち、最初のもの、つまり「資本」だけに計画を縮小した。そして「資本」を大きく三つに分けて研究しようとした。最初は生産過程、それから流通過程、次に総過程である。理論の発展史がそれに続くはずだった。

　マルクスとエンゲルスの往復書簡は 4 巻にまとめられている。この中にはマルクス夫人のものも含まれているが、これらの手紙は、たびたび困窮に悩まされたマルクスの日々の暮らし、マルクスの一連の研究、研究とそれから政治的な著述を除いた、様々な種類の仕事、そういったものを我々に生き生きと見せてくれる。往復書簡であるという性質上、そのやり取りがとりわけ活発なのは、エンゲルスがマンチェスターにいた間、つまり 1871 年までの期間である。この後、手紙のやり取りが再び活発になったのは、マルクスが温泉地に逗留したときである。温泉地に出かけることになったきっかけの一つは、マルクスが悩まされた多くの肉体的苦痛であるが、もう一つの契機は、エン

100　第 I 部　生涯

ゲルスが自立してから、これまで以上にマルクスを支援できることになって、マルクスの経済状態が改善されたことであった。

革命派は国外追放された。この絶望した集団は、常日頃「亡命者」と自称していたが、彼らは、——1850年代のロンドンでは——すぐにありきたりのヒポクラテス的な死を予感させる傾向を見せた。すなわち、口論、不和、口先ばかりの宣言、悲嘆、退廃、といったものである。

マルクスは、1850年11月にロンドンからマンチェスターに移ったばかりのエンゲルスとともに、最初はこの荒廃を防ぐために多くの努力を払った。二人は、ロンドンに中央委員会を置いた上で共産主義者同盟を復活させようとした。しかし、1850年9月には、同盟は分裂状態に陥った。マルクスは、プロレタリアートという言葉を神聖な存在とした頑迷な連中に次のように呼びかけた。

> 我々は労働者にこう言っている。労働者は、15年間、20年間、あるいは50年間、内戦や国家間の戦争を戦い抜いた。それは単に、情勢を変えるためだけではなく、労働者自身を変え、労働者が政治的権力を握る能力を身につけるためでもあった、と。それにもかかわらず、諸君は全く逆のことを言っている。直ちに権力を握らねばならない、さもなければ、横になって寝ていればいい、と。

分裂は険しいものとなった。マルクスは一ヶ月後、エンゲルス宛の手紙に次のように書いた。

> あからさまな孤立ということを、僕はいやという程感じている。僕らは——君と僕のことだが——今、そういう状態に陥っているんだ。これは、僕らの立場と原則に全くお似

3. 『経済学批判』、『資本論』第1巻の完成まで（1850-1867年） *101*

合いのことだ。

　当時、フランス、イタリア、ポーランド、ハンガリー、ドイツなどの敗退した革命派によって、大げさな宣言文が世界中に送られたが、マルクスはこれについて嫌悪感を持って語っている。マルクスは、ゴットフリート・キンケルが行った弁護のための陳述（1849 年 8 月 7 日）を、『新ライン評論』の最終号で厳しく批判した。このために、多くの友人がマルクスと疎遠になった。マルクスはロンドンでは事実上孤立状態にあったが、誠実な友人の一人にフェルデナント・フライリッヒラートがいた。彼は政治家と言うよりは詩人であったが、銀行代理店の管理者という都合のいい職を見つけていた。

　ロンドンでの最初の年に、さらに手間のかかる政治的騒動が起こった。ケルン共産党事件の裁判である。この裁判は 1851 年 10 月に始まり、プロイセン警察の惨めな敗北で終わった。政府の手先のシュティーバーが集めた重要証拠は、マルクスの党の会議議事録の原本と称するもので、マルクスのかっての同志であったヴィリッヒとシャパーの児戯のような陰謀や革命騒ぎを暴露し、併せてこれを批判するという、手間暇と根気の要るものであった。マルクスは、これが杜撰きわまる偽造物であると証明することに成功した。

　共産主義者同盟との関係はこの時、突然終わってしまった。マルクスは、このことによって再び研究活動に戻れることを喜んだ。既に 1853 年にマルクスは、殴り書きのような新聞記事を絶え間なく書くのは退屈だと嘆いている。「それは大量の時間を僕から奪い去り、僕の力を分散させ、しかも何も生まない」。

　革命家達との付き合いから解放されることもマルクスにとっ

102　第Ⅰ部　生涯

て好都合だったにちがいない。エンゲルス宛の手紙が書かれるようになった最初の年に、マルクスは手紙の中で、既に貨幣理論の詳細な研究を始めたことに言及している。マルクスは貨幣と資本を巡る学説の発展に関する膨大な手稿をドイツのある出版社から公刊しようとしたが、これはうまくいかなかった。

　注目すべきは、プルードンの著作『19世紀の革命の一般理念』にマルクスが高い関心を寄せたことである。マルクスはこの著作から膨大な抜粋を作り、それをエンゲルスに送った。そしてさらに、この著作についての考えをエンゲルスと論じあっている。マルクスはこのプルードン批判もドイツで出版させようとした。しかし、これもまたうまくいかなかった。この間、マルクスは大英図書館で「猛勉」を続けた。対象は主として、技術とその歴史、そして農学であった。目的は「少なくとも、道具に関する観察方法を獲得すること」であった。

　これに加えて、1851年にロンドンで開かれた万国博覧会がマルクスにさまざまな刺激を与えた。当時のエンゲルスの考えによれば、マルクスの主たる関心事は、分厚い本、それもできれば最も無難なテーマである歴史の本を書いて、再び大衆の前に登場することであった。マルクスが長いこと出版界から遠ざかっていたこと、出版業者が時代遅れの小心者のような不安に駆られていること、この二つからから生じる呪縛を解くことがどうしても必要であった。この間に、ルイ・ナポレオンのクーデターが起き、それに続いて経済・政治上の諸事件が起きた。これらは関心を寄せざるを得ない事件であり、これが再びマルクスを興奮させることになった。

　マルクスのライフ・ワークの概要を初めて示したのは『経済

学批判』であるが、これがようやくベルリンのフランツ・ドゥンカー書店から出版された。それを仲介したのはラッサールであった。この頃マルクス夫人は、アメリカにいた彼女の古い友人に次のように書いている。「モール（これは、彼女の夫の家長としての愛称であったが、友人たちも使うことが許されていた）は上機嫌です。かつての作業をやりとげる能力、作業の手際の良さ、これを完全に取り戻しました」。彼女はさらに続ける。「私たちの愛し子を失うという——私の心は永遠にそれを嘆くでしょうが——大きな苦しみから、ここ数年来ぼろぼろになってしまっていた、彼の精神の生気と熱情についてもまた同じことが言えます」。これは、マルクスの家庭生活を苦しめ追いたこの上ないひどい苦悩、すなわち彼の家族の太陽であった幼子の死のことをいっている。

　『経済学批判』が出版されたすぐ後、マルクスはもう一度「亡命という堆肥」（マルクスはしばしばこういう表現を用いた）から育てられた植物の一つと取り組まねばならなかった。パオロ教会の民主主義者で、いまやジュネーブの著名な唯物主義的自然科学者となったカール・フォークトによる攻撃からの防御である。

　これに先立つ1854年から1859年にかけて、マルクスとエンゲルスは政治上の事件のために、ほとんどひっきりなしに手紙のやりとりをしなければならなかった。これは、新聞社の通信員としてマルクスの負う義務とは別のことであった。マルクスとエンゲルスの間で交わされた討議は多方面にわたったが、とりわけ歴史に関する話が多く、日々の暮らしの心配などは遠くに追いやられていた。手紙では、クリミア戦争を巡って、そし

て当然のことながら、とりわけ、イギリス政府の態度やイギリスの世論を巡って、長いやりとりが交わされた。『ニューヨーク・トリビューン』に対する憤りが交信には見え隠れする。同紙はマルクスを厚遇することはなかったのである。1855 年 4 月に幼児を失ったことは大きな悲しみとなってマルクスを襲った。幼児の死後 6 日目にマルクスはエンゲルスに次のような手紙を書いている。

　　この数日間味わい尽くしたあらゆる苦しみのなかで、いつも、君や君の友情へ思いが、そして、君と一緒にこの世の中で何かきちんとしたことをまだやらなければならないという希望が、どうにか自分を支えてきた。

　1857 年にはしばらくの間、マルクスとエンゲルスはアメリカの百科事典の計画に取り組んだ。二人はこの事典に共同で寄稿することになっていた。軍事問題に関するエンゲルスの論文は、とりわけ首を長くして待たれていた。だが、1857 年に厳しい金融恐慌が起こり、これがマルクスとエンゲルスにとっては最も強い関心事になってしまった。彼らはまたしても、恐慌の後には偉大なプロレタリア革命が続くという幻想にとらえられてしまった。たとえエンゲルスが、「長く続いた好況がひどい頽廃をもたらした」と嘆いたとしてもである（1857 年 12 月 27 日付けの手紙）。インドの暴動についても興奮して話が交わされている。この二人の革命家が際だっているのは、学術研究や文芸へのひたむきな取り組みであるが、その痕跡が手紙の随所に散見される。あるときマルクスは、自分は今ヘーゲルの『論理学』をもう一度通読しているのだが、ヘーゲルが発見し、同時に神秘化してしまった方法の合理性を、2 ないし 3 ボーゲン

3.『経済学批判』、『資本論』第 1 巻の完成まで（1850-1867 年）　*105*

の分量（1 ボーゲンは 16 頁に相当）で、普通の理解力を持っ
た人たちに易しく説くという「仕事のための時間をいつかまた
持てるならば」たまらなく嬉しいのだが、と語っている。思い
起こすに、この考えは 15 年後に『資本論』の第 2 版の前書き
でくり返されている。

　ドゥンケル出版社から出たラッサールの著作『ヘラクレイト
ス』への対応もまた、哲学上の問題に帰着する。マルクスは、
この作品をかなり軽蔑して、次のように評価している。

　　ラッサールは大言壮語して、ヘラクレイトスはこれまで誰
　　にも解けぬ謎であったという。しかしながら彼は、実質的
　　には、ヘーゲルが『哲学史』において論じたことに何一つ
　　として新しいことを付け加えてはいない。

　エンゲルスは事業経営上の実務的知識を持っていたから、経
済にかかる問題を論じるときには、マルクスを助けたに違いな
い。『経済学批判』が出版される一年前、マルクスはエンゲル
スに、自分の中心的課題に関する計画を詳細に伝えている。こ
れに対してエンゲルスはためらいつつもこう応えている。「君
は、少々骨を折ることになるが、弁証法的移行を試みる必要が
ある。なぜなら、あらゆる点において抽象的に考えるという君
の方法は、君の言わんとすることをひどく分かりにくいものに
しているからだ」。

　エンゲルスは当時、生理学と比較解剖学に取り組んでおり、
マルクスに次のように言っている。「有機的細胞は、ヘーゲル
的な即自的存在（An-sich-sein）であり、その展開にあっては
正確にヘーゲル的過程をたどり、最後は、その都度完全な組織
体にまで発展する」。

106　第Ⅰ部　生涯

こうした哲学に関する交信の中に、生活上の困窮を訴えるマルクスの悲しい手紙が混じっている。マルクスは、ひどいルンペン暮らしによって自分の知性がだめになってしまい、作業をやり遂げる能力が破壊されてしまう、という激しい怒りの言葉でその手紙を結んでいる。そして、支出に関する詳細な計算が添えられている。エンゲルスは、いつものように、できる限りの援助を行った。まもなくまた政治上の大事件が起こった。1859年のイタリア戦争である。この事件は再びマルクスの関心を経済学研究からそらせることになった。

　いつも驚かされるのは、マルクスが、手紙に書かれたような苦境にあったにもかかわらず、様々な研究や活動のための時間を作り出したことだ。マルクスはこの時代に多くの人達と個人的に議論を行っている。例えば、ブルーノ・バウアーが訪ねてきて、彼のイタリアに関する計画を巡って話を交わしたり（かつての論争は、それ以前からの古い交友関係に長く尾を引くような傷を与えることはなかった）、ヨハネス・ミッケルやフェルディナント・ラッサールと手紙をやり取りしたりしている。フェルディナント・フライリッヒラートやウィリヘルム・リープクネヒトとの交流に関する報告も手紙の中に入っている。

　1860年1月にマルクスは次のように言っている。

　　夏が来る前には新しい戦争が始まるだろう。国際情勢はひどく複雑になり、俗物的な民主主義や自由主義にとっては、それが最も重要な問題となるほどだ。しかし、我々には、ドイツの一般社会人（民衆）の耳も、彼らへの接近も断たれている。

　これはフォークト事件と関係している。この事件は、必要に

3.『経済学批判』、『資本論』第1巻の完成まで（1850-1867年）*107*

迫られての防御であり、自称「ロンドン愚連隊」を巡って展開されたものであった。フォークトはマルクスの取り巻きと自称する連中から多くのうわさ話を集め、つなぎ合わせた。マルクスはそれを誹謗だとして論駁するために多くの労力と時間をとられることになった。それでもマルクスは、1860年には『資本論』にも取りかかっており、一度は「それは6週間以内には終えることができる」と言っている。ここで「それ」とあるのは、明らかに『資本論』第1巻のことである。しかし、常に新しい邪魔が入る。世界情勢は彼を休ませてくれなかった。イタリア戦争は、エンゲルスの二つの冊子、『ポー川とライン川』『サヴォァ、ニース、ライン川』を生むことになったが、この戦争のすぐ後で、アメリカの南北戦争というもっと重要な事件が起こった。そしてさらに、シュレスビッヒ・ホルシュタインの解放戦争と1866年の普墺戦争が続いた。これはドイツにおける神聖同盟の終焉であった。これらの出来事が二人の好戦的な革命家を興奮させたことは間違いない。

アメリカの南北戦争に関しては、マルクスはエンゲルスよりも確固たる姿勢で、北軍側を支持し、イギリス・ブルジョアジーの首領、パーマストンとフランス・ブルジョアジーの頭目、ルイ・ナポレオンとに支援された奴隷所有者［南軍］を批判した。マルクスはすぐに次のように確信した。18世紀のアメリカ独立戦争がヨーロッパの中産階級にとっての警鐘であったように、19世紀の南北戦争はヨーロッパの労働者階級にとっての警鐘である、と。

当然ではあるが、マルクスとエンゲルスは、ドイツ問題とビスマルクによるその暴力的解決を、固唾をのんで追跡しなけれ

108 第Ⅰ部 生涯

ばならなかった。エンゲルスの軍事的な専門知識は、多くの場合正しかったが、彼のオーストリアに対する評価は間違っていた。アメリカの南軍に対する評価もそうであった。エンゲルスは、プロイセンは何の成果も上げられないと予測して、戦争の結果に驚かされることになった。決着が付いたときには、マルクスとエンゲルスは、すっかり現実的な政治家になっていた。勝者を好むということではなく、事件の展開を進歩のために必要な局面として彼らなりの意味で理解するほどになっていたのである。

　マルクスの生活と仕事にとってこうした体験以上にさらに重要な意味を持っていたのは、ヨーロッパの労働運動の新しい動きであった。これがこの時期、マルクスをその輪の中に引きずり込んだ。マルクスは共産主義者同盟の消滅以来、「計画的に」——彼は 1864 年に手紙でそう表現している——あらゆる組織への参加を拒否してきた。1861 年に特赦が出され、マルクスがドイツへの旅行を許可されたとき、ラッサールは何度かマルクスを自分の計画に引き入れようした。プロシャの首都ベルリンで、ラッサールは、新聞を発刊するという彼の計画をマルクスに説明した。しかし、何の成果も得られなかった。ラッサールはマルクスを師として尊敬していたが、マルクスはラッサールに対してはかなりの嫌悪感を持っていた。エンゲルスもマルクスと同じであった。マルクスとエンゲルスはラッサールの気性をほとんど評価しなかった。哲学に関するラッサールの業績を高く評価することもなかった。また、1863 年の春にラッサールがドイツの労働者階級に向けて行った迫力あるアジテーションも、単に不信感を持って受けとめただけだった可能性がある。

　　3.『経済学批判』、『資本論』第 1 巻の完成まで（1850-1867 年）*109*

ラッサールの思考方法はことごとく、マルクスとエンゲルスの
それとは違っていた。この二人の間で交わされた私的な手紙の
中には、ラッサールの理論的欠陥と共に、彼の際限のない自尊
心に対するこの上なく手厳しい表現が見られる。これは、マル
クスが1861年にベルリンでラッサールの家に滞在したこと、
そして翌年ラッサールがロンドンを訪れた際に数週間マルクス
の家で暮らしたことと関係している。ラッサールの滞在はイェ
ニー夫人の家計にとっては厳しい負担を意味した。マルクスの
経済状態はこの年、以前にもまして悪化していたからである。
エンゲルスは倦むことなくマルクスを援助した。

　ラッサールの死（1864年）は、だがマルクスとエンゲルス
を驚かせた。ラッサールの死の原因はある人物との決闘だった。
エンゲルスはこの人物を「ラッサールと女性を争って見捨てら
れた恋敵」、さらに「去勢された雄馬のようなペテン師」とま
で呼んだが、マルクスは、この決闘をラッサールがその人生で
犯した多くの無神経な活動の一つだとした。マルクスは言う。

　　ラッサールがスイスで軍事的冒険主義者や黄色い手袋をは
　　めた革命家達のグループに入らなければ、こういう破局に
　　陥ることはあり得なかったはずだ。だがラッサールは運命
　　のように、くり返しくり返し、ヨーロッパ革命のコブレン
　　ツ［合流点］に引き込まれた。

　いずれにしろマルクスは、さまざまな感情的衝動をこらえて、
優れたアジテーターであったラッサールをその「記念すべき年」
《Jubeljahr》には決して攻撃しなかった。これは、マルクスにとっ
ては、実にいい結果になった。ラッサールは、自分のアジ演説
についても自信満々に手紙に書いてきていた。マルクスは言う。

「ラッサールは、われわれ（マルクスとエンゲルス）から借用したフレーズを勿体ぶってひけらかし、そしてまるで自分が将来の労働者の指導者であるかのように振る舞っている」。マルクスはとりわけ、ラッサールが絶えず大言壮語を吐き続けることが気に入らなかった。そして彼が死ぬことになる年の始めから、彼との手紙のやり取りをやめてしまった。マルクスはずっと後になってから、ドイツ労働運動を 15 年の長い眠りから再び目覚めさせたのはラッサールの不朽の功績であるとして、彼をたたえたことがある。しかしラッサールの生前は、マルクスとエンゲルスはラッサールの活動を不信の目でもって見ていた。

国際労働者協会（インターナショナル）

これに対して、1864 年 10 月のラッサールの死後に起こった事件は、最初は目立たなかったが、マルクスとエンゲルスにとって、特にマルクスにとっては、深い意味を持っていた。「国際労働者協会」の設立がそれである。マルクスは、1864 年 11 月 4 日付けで長い手紙を書いている。宛名を「フレデリック」とした手紙であったが、これには「知らせようと思うことを一つとして書き忘れることのないように」番号を打った文書が同封してあった。その手紙で、このことについて報告している。文書 1 では、「ラッサールとハッツフェルト伯爵夫人」のことが述べられている。このなかで、マルクスはリープクネヒトに対し、こう文句を言っている。「リープクネヒトは、僕はラッサールを見殺しにしたと言っている。まるで僕が、ラッサールに対

して、黙って、彼のしたいようにさせておくよりも、もっとよくしてやれたかのようだ」。続いて文書2では「国際労働者協会」の設立のことが語られる。「しばらく前、ロンドンの労働者がパリの労働者に、ポーランド問題に関して挨拶を送った。ロンドンの労働者はこのなかで共通の問題を討議することを申し入れた。パリの方では、代表団を送ってきた。団長はトルバンという名の労働者だが、非常にいい男だ（彼の仲間達もみんな気持ちのいい青年達だ)」。

1864年9月28日にセント・マーチンホールで集会がもたれた。これはイギリスの労働組合とフリーメーソンのおかげである。若いフランス人がマルクスのところに使いに出された。ドイツ人労働者を「集会」へ派遣し、そこで演説させてもらえないか、そして何よりも、マルクスにドイツの労働者を代表して「集会」へ参加してもらえないか、こういう希望をマルクスに述べるためであった。

マルクスは、このような招待は拒否するのが自分のいつもの流儀であることを強調した。だが、この時は例外を作ることにした。なぜなら彼は、ロンドン側からもパリ側からも重要な「勢力」が参加することを知っていたからである（マルクスは自分でこの「勢力」という言葉に引用符を打って、同時に、労働者階級の復活が感じられると述べている)。こうしてマルクスは「息ができないほどに参加者であふれた」集会に参加した。彼は演説者として仕立職人エカリウスを指名した。エカリウスはみごとに演説をやり遂げた。マルクス自身は、エカリウスを「演壇の上で黙って座っている人間として助けた」。二人とも臨時委員会の委員に選ばれた。マルクスはまた、要綱を策定するこ

112　第Ⅰ部　生涯

とになっていた小委員会の委員にもなった。マルクスの重要性は、参加者にも、あるいはまた発起人達にもはっきりと知られていたのである。

マルクスは、最初の何回かの集会についてさらに詳細に語っている。集会のうちの一回はマルクスの自宅で開かれた。マルクスは、自分が同盟の精神的指導者であること、あるいはそうなるであろうということをすぐに自覚した。マルクスは同盟の創設宣言を起草した。これは、小委員会ではかなりの反対があったが、総会では全会一致でしかも熱狂的に受け入れられた。創設宣言は、ヨーロッパの労働者階級が抑圧されている状態を描いている。それが各国の富が伸びていく輝かしい時代と対比されている。さらに、商工業危機と呼ばれる社会的疫病が激しさと規模とを拡大しながら繰り返し襲来していることと、その致死的な影響を指摘し、1848年革命の失敗後のイギリスと大陸ヨーロッパの労働者階級の全般的な後退を嘆いている。宣言は次のように言う。

だが、この展開に明るい側面がなかったわけではない。この間に、二つの大きな事件が起きた。一つはイギリスにおける10時間労働法の実施である。10時間労働法は、肉体的にもモラルの点でもそして精神面でも、工場労働者に大きな利益をもたらした。このことは今やあらゆる立場の人々から認められている。10時間労働法は、需要と供給の法則が盲目的に支配するのを社会全体で把握し、注視することによって、生産を社会的にコントロールするという原則の勝利であった。中産階級の政治経済学は、労働者階級のそれの前に、白日の下ではじめて屈服した。

3.『経済学批判』、『資本論』第1巻の完成まで（1850-1867年） *113*

しかし、労働者階級にとってもっと重要な勝利が眼前に迫っている。これが二番目の大きな事件である。我々は、協同運動、すなわち協同工場のこと、大胆さに関してはむしろ控えめな労働者の仕事のことを言っている。この偉大な社会的実験の価値を評価しすぎるということはあり得ない。彼らは、議論に代えて行動でもって、次のことを証明した。すなわち生産は、労働者階級を利用する経営者階級の存在なしで、近代科学の進歩と歩調をあわせて、もっと高次の段階へ進むことが出来るということ。そして賃労働もまた、奴隷労働や隷農的労働と同様に、社会秩序の過渡的にして従属的な形態に過ぎず、手を自発的に動かし、精神を生き生きとさせ、心から楽しんで、その仕事を行う協同労働《assoziierte Arbeit》の前には消滅するべく定められているということを、である。

　協同組合システムはロバート・オーエンがその種を蒔いたものだが、宣言は、オーエンのシステムの有効性には限界があるとする。労働大衆を解放するためには国家的規模でその道を切り拓くことが必要であり、国家的手段でもって解放を押し進めることが必要であることを考えれば、これは当然のことである。それ故、政治的権力を掴むことが今や労働者階級の大きな任務である、として、こう言う。「労働者階級はこのことを理解しているように見える。なぜなら、イギリス、フランス、ドイツ、そしてイタリアで同時に反乱が起こり、労働者の政党の再編成が時を同じくして生じているからだ」。創設宣言は次のような要求でもって締めくくられる。「労働者階級は、国際政治の秘密を突き止め、国家間の交流にあっても、私的な人間関係を律

する道徳と権利の簡単な規定が最高の規定として適用されるように働きかけるべきである。このような外交政策に関する闘争は労働者階級の解放のための一般的な闘争に包括される」。

創設宣言の最後の言葉は『共産党宣言』の次のスローガンをくり返している。「万国の労働者、団結せよ」。マルクスにとって、新しい創設宣言が受け入れられたことは大きな成果を意味したのは事実である。しかしマルクスは、長い間ずっと実践活動から遠ざかってはいても、自分の考えをこの集団のなかで貫徹する困難さを見誤ることは、決してなかった。マルクスは、「穏やかに動く」よう心がけることが必要であること、再び目を覚ました運動がかつての大胆な言動を許容するまでには時間がかかること、こうしたことを誤解することはなかった。

ウィルヘルム・リープクネヒトが 1896 年にも語ったことだが、このことはもちろん、マルクスが第一インターナショナルに命を吹き込んだということでは決してない。マルクスはただ躊躇しながら、そしてほとんど自分の意に反しながら、そこに参加したに過ぎない。第一インターナショナルをまとめる中核となったのはイギリスの労働組合の活動家達であった。またそこにはコント主義に立つ小さな知識人グループと並んで、何人かの古いオーウェン主義者やチャーチストが含まれていたし、マルクスがその理論と空虚な決まり文句を軽蔑していたフランスのプルードン主義者も一緒だった。

マルクスの助力が求められたのは、労働組合の作戦を支え、その支柱に普遍的な理念と政治的精神を注入するためである。マルクスは、哲学に関してはコント主義者よりも自分の方がすぐれていると感じていたが、それでもコント主義者と歩調を合

わせた。スペンサー・ビーズリーは、セントマーチンズホール
での設立大会の議長をつとめた歴史学の教授で、実証主義哲学
者であったが、マルクスと彼との関係も、労働組合の指導者達
の場合と同様に友好的なものになった。

　しかしマイナスもあった。この組織のための仕事は、思想家、
研究者としてのマルクスの時間をすっかり奪い去ってしまっ
た。マルクスは、1863年には『資本論』第1巻の完成に向け
てとりわけ熱心に取り組んだのだが、ただでさえ様々な身体的
苦痛のために作業を絶えず中断しなければならなかった上に、
こうしたことがあったために、その完成はさらに遅くなってし
まった。国際労働者協会と「それに伴うあれやこれや」は、心
配の種のように彼の負担となった（1865年12月26付けの手
紙）。新たに参加した一般会員はマルクスに強い関心を持ちな
がら、マルクスの思想はほとんど知らず、ただマルクスを仰ぎ
見ていただけであった。

　だから、彼らに自分の仕事ぶりを垣間見せてやる機会を持つ
ことは、少なくともマルクスには歓迎すべきことであったに違
いない。そしてそれは、1865年6月、総評議会で行われた講
演によって実現した。この講演は最近ドイツ語に翻訳されて、
よく知られるようになった（『賃金、価格及び利潤』がそれで
ある）。この講演の基（もと）になったのは、古いオーウェン
主義者であるウェストンとの論争である。ウェストンは、『ビー
ハイブ』（週刊の新聞で国際労働者協会にとっては一時的に機
関紙として機能した）で、賃金の一般的な上昇は労働者にとっ
ては何の役にも立たず、それ故労働組合に害を及ぼす、と飽く
ことなく主張した。マルクスはこの見解を詳細に批判し、次の

116　第Ⅰ部　生涯

ような結論に達した。

ウェストンのいう一般的な労賃の上昇は商品価格「全体に」影響を与えうるものではなく、利潤率の低下にのみ作用することになろう。一方、資本主義的生産様式の一般的傾向は平均的基準賃金を低下させることになる。労働組合はこのことに対する抵抗の中核として機能する。しかし労働組合は、概して現在のシステムの働きに対抗するのにゲリラ戦だけに限定してしまうことによって、この目的を見失ってしまいがちだ。労働組合は、このゲリラ戦を行うと同時に、変革を目指すべきであり、労働者階級の最終的な解放、すなわち賃金システムの最終廃絶のための原動力としてその組織力を用いるべきなのだが、それをしていない。

1865年9月、インターナショナルの第一回会議《Konferrenz》がロンドンで開かれた。会議では、1866年9月3日から8日までジュネーブで開かれる設立大会での議事日程に、「民主的基盤に立った」ポーランドの独立の回復に関する議案と共に、宗教問題を社会的・政治的・精神的発展との関連において組み込むという動議が採択された。ヨハン・フィリップ・ベッカーの新聞『フォアボーテ』によれば、ジュネーブはこの組織の中心地となった。

マルクスはジュネーブでの大会の準備のために長い時間をかけたにもかかわらず、この大会には参加しなかった。彼は『資本論』第1巻の最終段階の作業をしていたのである。マルクスは、内々の手紙の中で、この作業を通じて労働者階級のためにできることに比べれば、なにかの会合のために自分が個人的にやれるどんなことも重要性は低い、と語っている。大会では、

3.『経済学批判』、『資本論』第1巻の完成まで（1850-1867年）*117*

激しい論戦の下でマルクスの提唱した路線（イギリス代表の建白書はマルクスによって起草された）が有力なものとなった。この結果にマルクスは満足した。ただ、「フランスの無知なお喋りどもが自分（マルクス）を不愉快にさせた」。

国際労働者協会の第2回大会は、1867年9月2日から8日までローザンヌで開かれた。分かりきったことであったが、マルクスの提唱する路線がプルードン主義者のそれと共に主導的なものとなった。マルクスはこの大会にも参加しなかった。

彼の本がようやく世に出た。『資本論——経済学批判　第1巻：資本の生産過程』である。また分量的には第1巻よりずっと多くのものが、完成するかほとんど完成するかしていた。しかし整理がされていなかった。これらの手稿は編集者をひどく煩わせることになった。マルクス自身、1866年2月16日にエンゲルス宛に次のように書いている。「原稿は現在の形で一応完成はしているのだが、僕以外の誰にも、君でさえ、編集することは不可能だ」。マルクスはこの頃健康を損ねたが、夜遅くまでの過酷な作業がその原因であった。ドイツの戦争によって生じた政治的な騒ぎもまた出版を妨げた。第1巻の原稿は1866年11月にようやくハンブルクの出版業者オットー・マイスナーのところに送られた。

5ヶ月後、マルクスは私的な休暇を取ることにした。海の旅行は彼の健康を回復させた。マルクスは引き続いて、ハノーバーの女医クーゲルマン博士を訪問した。彼女はマルクスを尊敬していて、彼を強く誘ったのである。マルクスは、彼（とエンゲルス）が与えた影響は、労働者よりも高学歴の官僚層に対してのほうが大きいことをそこで知った。ベニグセン［ドイツの政

治家〕と会える見込みが出てきたが、この会見が成功したかどうかは不明である。

　1867年5月、マルクスはロンドンに戻った。印刷はライプツィッヒで続けられた。8月、マルクスは最後の部分を校正した。マルクスはエンゲルスに次のように書き送った。「かくしてこの巻は完成した。君に祝福あれ」。「こういうことが出来たことを君に感謝する。僕に対する君の犠牲的献身がなかったら、この三巻本を作るという途方もない仕事は僕には不可能だった」。ハノーバーからもマルクスは同じ意味のことを書いている。「君（エンゲルス）がその素晴らしい才能をもっぱら僕のために商業活動の中で浪費し、錆びつかせてしまったこと」が、いつも悪夢のように僕（マルクス）の心にのしかかっていた、と。この頃の見込みでは、第1巻に続く二つの巻は翌年の春までには完成することになっていた。

4. その死まで（1867-1883年）

パリ・コミューンとインターナショナルの終焉

この時点でマルクスの人生はまだ15年半残っていた。しかし『資本論』は、完成することはなく、整理もされなかった。そして彼を支援し、崇拝する少数のグループを別にするならば、誰にも理解できないままであった。しかも、三巻からなる『資本論』には学説史が付け加えられることになっていたが、それを含めて『資本論』は、全体系を叙述するのに全六部での構成が必要とされた作品の第一部に過ぎなかった。マルクスの生前に出されたのは第1巻の第2版までである。第2版には重要な前書きが書き加えられた（1873年）。その一年前にロシア語とフランス語の翻訳が出版されていた。この翻訳にはマルクス自身も加わり、内容についてかなりの変更が行われた。これに対して、エンゲルスも参加した英語版の翻訳は、長い努力にもかかわらず、これを軌道に乗せることには失敗した。

『資本論』の第1巻は、体系中の一つの巻ではあったが、その中心となるものであって、世界的な重要文献となっていった。そしてその過程で世界は震撼した。マルクスの遺稿によって編集された続巻は、第1巻ほどの迫力はないものの、それでもやはりマルクスの精神の特質を留めている。

マルクスは国際労働者協会（インターナショナルと呼ばれた）

120　第Ⅰ部　生涯

のための活動を続けた。彼が主に受け持ったのは、通信・連絡であったが、これは極めて広範囲なものであった。インターナショナルの第3回大会は1868年9月にブリュッセルで開かれた。ここに真っ先にやってきたのがロシア人バクーニンであった。マルクスは既に1843年にパリでバクーニンを知っていたが、バクーニンはこの大会で新たにインターナショナルに参加した。彼はすぐに、マルクスに対立する党派の中心人物となった。

　この時期、インターナショナルの重要性は非常に高まった。それは、一連の大規模な労働者の蜂起によるものだが、そこにはインターナショナルの影響が見て取れる。このことを書いていると、私の少年時代に、インターナショナルが「肉体を持った赤い幽霊」として登場したことを思い出す。新聞は、インターナショナルの秘密に包まれた力や果てしない資金力を指摘する記事であふれていた。そして、カール・マルクスは世界的陰謀の恐るべき指導者として現れた。

　それらはすべて幻影であった。実際には、組織の拡大が緩慢にしか進まないことが問題となっていたのである。それぞれの組織は、それが結成された国によって多様な性格を帯びていたが、共通して資金難と無関心にひどく苦しめられた。インターナショナルの総評議会では、マルクスは通信書記としてドイツとオランダを担当し、エンゲルスは同様にスペインを担当した。二人の影響力は次第に増加していったが、それでもこのような状況だったのである。

　労働運動は相変わらず内部分裂に苦しんでいた。それを象徴するのが、フォン・シュヴァイツァーがなお支配者として君臨

4. その死まで（1867-1883年）　*121*

していた全ドイツ労働者協会がインターナショナルに加わらなかったことであった。インターナショナルはその最も重要な大会を 1869 年にバーゼルで開いた。この大会にもマルクスは出席こそしなかったが、（相続権に関する）総評議会の報告書は彼が作成したものであり、それを通して彼の考えは大会に届けられた。報告書は、相続権の放棄に関して、それを社会変革の出発点であると声高に叫ぶことは愚かなことだと、批判した。バクーニンがこのことを巡ってマルクスに反対した。バクーニンは過半数の支持を得たが、決定には至らなかった。一方で、社会は土地を共有財産に変える権利を持っており、この変更は社会の利益のために必要である、とする議決がなされた。これは世界を驚愕させるものであった。

　大会の後まもなく普仏戦争が勃発した。当然のことながら、マルクスとエンゲルスは、緊張してこの戦争を見つめた。最終的にドイツが勝利を収めるという結果は、エンゲルスには前年［1870 年］の 7 月の時点で既に疑いのないものに思えた。彼は自分の手でプロイセンの作戦計画を作っていたのである。マルクスは総評議会に対して報告書を書いた。これは、ジョン・スチュウアート・ミルやその他のロンドンの著名人達から賞賛を得たものであった。この中でマルクスは、この戦争をドイツにとっての防衛戦争だと明言したが、同時にプロイセンとビスマルクを、奴隷化されたフランスを自由なドイツと対比させることを怠っているとして非難し、「この［フランスにとって］自殺的な戦いの背後にはロシアの暗殺者のような姿が潜んでいる」とした。エンゲルスは［1871 年］8 月 15 日に次のような意見を述べている。

122　第 I 部　生涯

ビスマルクは今度も 1866 年と同じように、彼流のやり方で「［本来は］我々がやるべき仕事の一端」を遂行した。しかも、そう考えることもなしに、だ。ビスマルクは以前よりもっと純粋な民族国家を作ろうとしている。リープクネヒトは中立を維持しなければならないとしたが、この考えが、ドイツの一般世論であったならば、われわれはすぐにまたライン同盟を作らなければならなかったであろう。そして高貴なウィルヘルム（リープクネヒト）は、そこで彼がどんな役割を演じるのか、労働運動はどういう状態にあるのか、それをもう一度見なければならなかったことであろう。

　現在にあっては極めて意義深い次の文章がこれに続いている。「当然のことながら、いつもただ殴られたり蹴られたりしているだけの民衆が革命を行う真の民衆なのであり、ウィルヘルム（リープクネヒト）にあっては、そのためには小さな国家のほうがいいのだ」。

　プロイセンの政界のボスどもと南ドイツの熱狂的愛国主義者との二つのグループでは、アルザス・ロートリンゲンを併合しようとする強欲さが前面に出てきているように思われた。マルクスは既にこの時点で、次のように懸念していた。「アルザス・ロートリンゲンが併合されたならば、ヨーロッパとそれとは全く異質なドイツとが出会いかねないという、とんでもない大惨事となろう」。エンゲルスは、［フランスでは］時期を得て革命的政府が成立し、ビスマルクはこの政府との間で領土分割無しの講和を締結するだろうと、確信していた。セダンの戦いのあと、エンゲルスは次のように言った。「アルザスを割譲させよ

4. その死まで（1867-1883 年）　*123*

うとする欺瞞は——原チュウトン人がそこにいるというほら話は別にして——主として戦略的な性格を帯びている。［ライン川左岸の］ヴォーゲゼン山脈をドイツ領ロートリンゲンの前哨地として得ようというのである」。マルクスはそれ以前に既に次のように考えていた。

　　プロイセンはそれ自身の歴史から学ぶべきだ。「領土の分割」によっては、眠っている敵に対して「永遠の」安全を得ることは出来ないということを、だ。ナポレオン一世のティルジットの荒療治［講和条約］は何の役に立ったのか。ナポレオンはプロイセンを［触ればすぐに崩れるような］ガスマントルの上に置いたのだ。

　この考えは9月9日付の総評議会の2番目の報告書にも見られる。最初の報告書には次のような文章があった。「第二帝政の死を告げる時計の音が既にパリに響いている」。この報告書には警告もあった。2番目の報告書はこの文章を満足げにこう繰り返した。「ドイツの労働者階級が、現在行われている戦争を優れて防衛的なものだと性格づけることを許すなら、そしてフランス国民に対する戦いが著しく悲惨なものとなることを許すなら、この戦いが勝利となるにしろ、敗北になるにしろ、どちらにしても災いに満ちたものとなろう」。アルザスとドイツ系ロートリンゲンの併合の軍事的な理由を端的に述べた後、この報告書は次のように言う。

　　このようにして国境を決定することを原則にまで高めることは愚劣にして時代錯誤である。プロイセンのフランスに対する立場はナポレオン一世のプロイセンに対するそれと同じである。結末の悲惨さは今回も少しも和らげられない

124　第Ⅰ部　生涯

であろう。ドイツはロシアの領土拡張のあからさまな奴隷となるか、それとも短い休息の後、再び新たな防衛戦争、……スラブ、ラテンの両人種の連合に対する人種戦争の準備をしなければならないかのいずれかである。フランスをして貧しいロシアと無理矢理組ませるならばドイツの自由と平和は保証されると、本当にドイツ人は信じているのだろうか。

　ついでながら、宛先はフランスの新しい共和国への挨拶となっている。冬季の戦闘の後、パリへの砲撃と飢餓、降伏、コミューンの蜂起と弾圧が続いた。すべての出来事の中で、古い反逆者たちをなによりも憤激させたのはコミューンに対する弾圧であった。それが終わった後、マルクスは総評議会の名で「フランスの内乱」に関する報告書を書いている。日付は1871年5月30日であった。ここには、同時代の事件を描写する老人のエネルギーがほとばしっている。インターナショナルはコミューンの結成やそのメンバー構成に全く何らの影響も及ぼさなかった。コミューンがその短い活動期間中にやったことに対して、インターナショナルはごくありふれた働きかけしか出来なかった。コミューンの多数派はブランキ主義者からなっており、プルードン主義者が少数派を形成し、その少数派の中に数人のインターナショナルのメンバーがいたに過ぎない。こうしたことにもかかわらず、マルクスはコミューンを断固として擁護した。

　このことは、マルクスのこれまでの支持者をも驚かせた。とりわけイギリスではそうであった。［コミューンによる］パリ大司教を含む64人の懲罰的処刑さえマルクスは支持した。コ

4．その死まで（1867-1883年）　125

ミューンがこの 64 人の命を何回かにわたって奪っていったの
は、ヴェルサイユ政権によって捕虜が次々と銃殺されたためだ
というのがその理由である。報告書では「大司教デルボアの本
当の殺害者はティエールである」とされ、[コミューンを弾圧
した] 国民防衛政府の首脳たちは道徳的に腐りきった化け物と
して描かれた。

　報告書は生々しい印象の下で書かれた。戦いを制圧し終えた
勝者の恐るべき残虐さ、復讐心、そして凶暴さを見て、感受性
の強い人間なら誰もが受けるはずの、ましてや労働者階級の擁
護者であればなおのこと感じるはずの、生々しい印象である。
報告書は、法的、道義的な激しい怒りで沸騰している。コミュー
ン参加者の名誉を回復しようとしている。そしてまた、インター
ナショナルがなんら関与しなかったこの事件について、誇らし
げに責任をとろうとしている。マルクスは熟考の末、次のよう
に言う。

　　コミューンは本質的に労働者階級の政府であった。コ
　　ミューンは、労働者の経済的解放が可能となる政治形態を
　　遂に見いだした。コミューンは、諸階級が存在し、階級支
　　配が行われる根拠となっている経済的基盤を覆滅する原動
　　力として寄与するはずであった。こうしたことによっての
　　み、コミューン体制は、実現不可能な絵空事や錯覚以外
　　のなにかになることができる。そしてまたそこで初めてコ
　　ミューンは自らの存立条件を実現するはずであった。――
　　コミューンは新しい社会のために、古い社会の懐で孵化さ
　　れるのだ。

　コミューンはこれに先立つ普仏戦争と同様にインターナショ

ナルに重大な結果をもたらすことになった。兄弟愛と団結が得られたのではない。逆に分裂傾向が一層ひどくなった。これにとりわけ影響を与えたのは、バクーニンがめぐらした陰謀であった。バクーニンはロシアの貴族の出身で、理論上の信念からというよりは、荒々しい情熱によって革命家になった人物であった。正真正銘の無頼の徒であり、インターナショナルの中では特別の分派を形成していた。マルクスは 1871 年 11 月 23 日付けの手紙で、バクーニンの計画を、左右両派の計画から上っ面だけを寄せ集めたごった煮と呼び、こう言った。

> 「階級間の平等」（マルクスはこれに感嘆符を付けている）、「社会運動の出発点としての相続権の放棄」（マルクスはこれをサンシモン流のたわごとと呼んだ）、「無神論」、こういったものがドグマとしてメンバーに押し付けられる。…… 一番のドグマは、政治活動の（プルードン流の）放棄だ。

この手紙が書かれる少し前ロンドンで、インターナショナルの総評議会が召集した非公開の会議が開かれた。出席者は僅かだったが、いくつかの重要な決定がなされた。その中には「宗派と素人集団」に関するものもあった。これによって、マルクスは総評議会を、すなわちマルクス自身を、インターナショナルの支配者にした。しかしこれは遅すぎた。分裂は止めることが出来なかった。総評議会は汎ドイツ主義（もしくはビスマルク主義）に支配されているというデマが流された。マルクスはこれを以下のように説明した。

> このデマの背後には、ジュネーブとロンドンのフランス人亡命者集団の中の身を持ち崩した連中がいる。つまりこの

4．その死まで（1867-1883 年）　127

デマは、僕がもともとドイツ人でかつ現実に総評議会に対して決定的な知的影響を与えているという［彼らにとっては］許し難い事実に向けられている。しかし、僕の場合、量的にはドイツ的な要素はイギリス的あるいはフランス的なそれよりもずっと弱い。それ故、罪は次のことにある。このドイツ的要素が理論の面においては支配的になり、支配者たるドイツの学問が、ドイツ人以外の者からは、極めて有益でその上不可欠のものと見られているということだ。

このようにして、権力を掌握したにもかかわらず、マルクスはインターナショナルの存続可能性に疑問を持たざるを得なかった。年次大会をもう一度開くことにマルクスは渋々同意した。大会は［1872 年］9 月 2 日にオランダのハーグで開かれた。マルクスはこの大会に個人として出席した。この大会でインターナショナルの存廃が論議されることを彼は知っていたのである。エンゲルスは、総評議会をロンドンからニューヨークに移すという動議を提出した。このことを通じて、マルクス自身がインターナショナルに対して「解散」を宣告したのである。提案は僅差で可決された。大会ではさらに、バクーニンと彼の支持者ギョームをインターナショナルから除名することが議決された。

インターナショナルはこの後なお少しの間、細々と生き延びた。1873 年ジュネーブに召集された大会は、マルクスの言葉に従えば、「大失敗」であった。事実上これが、第一インターナショナルがまだ生きていることが確認された最後となった。バクーニンとの争いは、ドイツ語で『国際労働者協会に対する

128　第 I 部　生涯

陰謀』という題名で知られることになった覚え書きによって決着が付けられた。

　1877年、インターナショナルは正式にその終焉を見た。同じ年にバクーニンが死んだ。彼は死ぬまでせっせとアナーキズムの種を蒔いた。その種はロシアやラテン諸国、それに時としてアメリカ合衆国で芽を出した。

　マルクスがどういう動機でインターナショナルのことを放棄する気になったかは知られていない。マルクスがパリのコミューンを支持したことは、イギリスの指導的な組合活動家をマルクスから離反させることになったし、同様にフランス人にとってもマルクスは疑わしい存在になった。いかにビスマルクと厳しく敵対しているとはいえ、マルクスがドイツ人であることは否定しようがなかったからである。その上マルクスは、インターナショナルのための仕事が、果てしなく疲れるにもかかわらず報われることのほとんどないものであって、それが、自分の研究上のライフ・ワーク──それを完成させる望みをマルクスはまだ持っていた──にとってひどい妨げになることをよく知っていた。

　大きな期待を持って設立され、そしてマルクスの意思にほとんど反しながら、彼の精力を引きずり込んでいった国際労働者協会は声もなく静かに衰亡していった。その一方で、ドイツ社会民主党は、ドイツ帝国の全般的な隆盛に後押しされつつ、力強く成長していった。ラッサール派と並んで、マルクス主義者も、アイゼナッハ派あるいはエールリッヒ派として、ウィルヘルム・リープクネヒトの指導の下に歩み出した。

　リープクネヒトは、ロンドンに亡命していた頃はずっとマル

4．その死まで（1867-1883年）*129*

クス家の家族ぐるみの友人であったが、政治家としてはその大ドイツ的傾向、そしてそれ故の反プロイセン的傾向によって、マルクスとエンゲルスの不興を買うと共に、同じようにラッサールにも嫌われ、ラッサールの後継者、フォン・シュヴァイツァーからも疑われた。しかし、リープクネヒトはベーベルを味方に付けることに成功した。そしてベーベルの人柄の中にロンドンの指導部は党の未来を見いだした。ラッサール派とアイゼナッハ派は激しく争った。両派に対する追求や圧迫、とりわけ検察当局によるそれが、相争っていた兄弟ともいうべきこの両派を融和させた。1875 年 2 月以来、両派の合同問題の協議が続いた。

マルクスは、1890 年に初めて公にされたある手紙の中で、両派の統一綱領の草案に対して情け容赦のない批判を浴びせている。マルクスにとっては、綱領案はラッサール的傾向が強すぎるものであって、マルクスの考えはほとんど反映されていないか、あったとしても歪曲されたものばかりであった。

マルクスのこうした批判にもかかわらず、1875 年 5 月のゴータ大会で両派は合同した。こうして結成された社会主義的なドイツ労働者党は、大きな経済危機がもたらした障害にもかかわらず、その後も成長を続けた。この経済危機は、建国時代の高揚が終わったこの頃、戦勝に輝いていたドイツ帝国を、あらゆる工業諸国と同じように襲った。ドイツ皇帝の暗殺計画は全般的状況が暗いものであることを鮮明に照らし出した。安穏としていた市民たちは戦慄心で一杯になった。ドイツの指導的な政治家であったビスマルクは、「社会全体を危険にさらす社会民主主義者たちの企てを排除法によって鎮圧する必要がある」と

130　第 I 部　生涯

考えた。彼は、新しい関税政策が帝国議会で安定多数を確保する機会を利用した。ビスマルクは、社会民主主義者を弾圧した後に、続いて労働者保険法を作らせた。しかし彼はその人生の最後まで、労働者保護を拡大しようとするいかなるものにも抵抗した。

　事態のこのような推移がマルクスにどのような影響を与えたかについては、我々はごく僅かな資料しか利用できない。エンゲルスがロンドンに移住し、マルクスとお互いに近くに住むようになったために、当然のことながら、エンゲルスとの定期的な手紙のやりとりはなくなったからである。しかしマルクスもエンゲルスも事態の展開にはずっと不満を持っていたことは、ニューヨークで暮らしていた党の同志ゾルゲに宛てたマルクスの手紙から十分に知ることが出来る。この手紙で強調されているのは、［党の］方向転換である。マルクスは［この手紙が書かれた］1877年10月になってもまだラッサール派との妥協を非難していた。マルクスは言う。

　　この妥協は、他の生半可な連中との妥協をももたらした。ベルリンでは（モストに注目せよ）デューリング及び彼の「崇拝者」との妥協をもたらし、さらに未熟な学生たちや利口すぎる博士たちの一味との妥協をももたらした。彼らは、社会主義に「より高度な、理想的な」方向転換をさせようとしている。つまり、唯物論的な根拠（これに基づいて行動しようとするのなら、真剣にして客観的な研究が必要となる）を、正義、自由、平等、兄弟愛といった女神たちがいる近代的な神話でもって取り替えようとしている。

　ベルリンでは『ツクンフト［未来］』が、チューリッヒでは『ノ

4. その死まで（1867-1883年）　*131*

イエ・ゲゼルシャフト［新しい社会］』が、新たに刊行されたが、この社会主義的新聞に対してはマルクスとエンゲルスは協力を拒んだ。

1878年9月4日にマルクスは、社会主義者排除法に関して、「ビスマルク氏は我々のためによく働いてくれた」とだけ書いている。この発言には、マルクスが社会主義者排除法を党にとっては有益なものとなる分かれ道だと評価したことを思わせるものがある。さらに、マルクスはヨーロッパ全体での展開を満足しながら眺めていた。彼の学説は、フランスではゲードやマルクスの女婿ラファルグらの影響によって広まっていった。イギリス人たち（ジョン・ロー、ハインドマン、ベルフォート＝バックス）が真剣に『資本論』と取り組み始めたのもマルクスには心が満たされることだった。

アメリカで出版されたヘンリー・ジョージの著作、『進歩と貧困』がヨーロッパでも非常な成功を収めた。マルクスはこの作品を、正統派の経済学理論から解放された、アメリカ人による初めての試みであると評価はしたものの、自分が経済学者としてはジョージに後れを取ったと思ったのは自然なことであった。地代は国家に帰属させるべきだとする［ジョージの］現実的な提案に対しては、マルクスは「これは過渡的な措置としてのみ認められる。この考えはそれ自体矛盾に満ちたものではあるが、既に［共産党］宣言において過渡的な措置として推奨されたものである」と、言った。それでもマルクスはジョージを才能ある著述家として評価した。

晩年のマルクスの物質的な生活環境は著しく改善された。誠実なエンゲルスがマルクスのために固定的な収入（年間250ポ

ンド）を確保できるようになったからである。マルクスは、自分の2人の娘が、彼が高く評価したフランス人、ポール・ラファルグ、シャルル・ロンゲとそれぞれ結婚するという喜びを得た。しかしこれに対して、彼の健康は悪化していった。彼は（1874年から）3年連続でカールスバートに保養に出かけ、その次の年からはノイエナールに出かけた。しかし社会主義者排除法によって、こうした温泉旅行は終わった。

マルクス夫人が1879年秋以来、不治の病に罹り、1881年12月2日に死去したことは、マルクスの個人的生活にとっては手ひどい打撃となった。同時にマルクス自身の健康も衝撃を受け――彼は慢性的な気管支カタルに苦しんでいた――この深い悲しみによって、それはさらに悪化した。1882年の春、マルクスは医師の指示でワイト島に出かけたが、そこで肋膜炎に罹ってしまった。マルクスはワイト島からアルジェに向かった。アルジェで病気が再発した。アルジェからモンテ・カルロ経由でパリに行き、さらにアルジャントイエにいる彼の娘、ロンゲ夫人のところに行った。そして最後にもう6週間、娘ラウラと一緒に、ジュネーブ湖畔のヴヴェイに滞在した。

マルクスの死

マルクスは新鮮な気力を得て、1882年9月ロンドンに戻った。しかし、新たな決定的な不幸が彼の最後の力を砕いた。長女ロンゲ夫人イェニーの突然の死である。彼女の埋葬から戻ったとき、マルクスは気管支炎を新たに起こしていた。肺の潰瘍がこれに加わった。続いて力が急速に衰えていった。死が訪れたの

4.その死まで（1867-1883年）　*133*

は 1883 年 3 月 14 日。穏やかな、苦しむことのない死であった。

　エンゲルスはマルクスが死んだ次の日の生々しい衝撃の中で、ゾルゲに次のように書き送っている。

　　医学の技術をもってすれば多分、あと数年は植物的な存在としてマルクスの命を永らえさせることができたであろう。自分で自分のことをどうすることもできない……存在としての生を、である。しかし我らのマルクスには、これは我慢できなかったであろう。目の前に多くの未完の仕事を抱え、そしてそれを完成させようとしながらそれができないという［永遠の飢餓に苦しめられる］タンタロスの如き渇望のなかで生きていくことは、マルクスにとっては、彼を襲った穏やかな死よりも数千倍も苦しいものだったであろう。「死は死者にとって災いなのではない。それは、生き残ったものにとって災いなのだ」。このエピクロスの言葉を、マルクスはよく引いていた。この偉大な天才が廃人となって植物のように生き続けるのを見つめ、彼を医学の名声をさらに高めるために提供し、彼が何度も全力でもって叩きのめしてきた俗物どもの嘲笑にさらす――そんなことには我慢できない。それよりは、彼の夫人が眠る墓に、明後日彼を埋葬するほうが、何千倍もましなのだ。

　マルクスの死によって孤独のうちに取り残された友人エンゲルスは、マルクスが死んだ日に、W・リープクネヒト宛にも手紙を書いた。

　　僕は今日の夕方、彼［マルクス］がベッドで大の字になって横たわり、死後硬直が現れているのをみたが、それでも僕には、この天才がその偉大な思想によって新旧両大陸の

134　第Ⅰ部　生涯

プロレタリア運動を前進させるのを中断しなくてはならないなどとは、どうしても考えられない。我々が今日あるのは彼のお陰なのだ。現在の運動があるのは、理論と実践の両面における彼の活動のお陰なのだ。彼がいなかったら、我々は依然として散乱した塵の中に座っていたであろう。

だが、マルクスの活動を起点とするその影響は、当時はまだ広がり始めたばかりであった。ドイツでは社会主義者排除法が重くのしかかっていた。社会主義者が目指しているものは内在的必然性を持っているという考えは、まだどこでも弱かった。とりわけ知識人の世界では、こうした考えは無視されるか、拒絶されるか、という状態であった。

今日では、書籍でも、パンフレットでも、雑誌でも、いや新聞でさえ、それが経済問題や社会問題を取り上げている限りは、それを開けば必ず、マルクスとマルクスの理論が論じられ、評価あるいは非難されている。マルクスの著作は彼の記念碑となった。政治も論文もマルクスのことで満ち溢れている。マルクスが今後さらに、いかに強くそしていかに長く影響を及ぼすかは、予測できない。そのことが民族や人類にとって救いなのか、災いなのかは、別の問題である。しかしマルクスの思想は世界を揺るがすものとなっている。

マルクスは中肉、中背の体格だったが、姿勢がよかったため、少なくとも座っているときは、幾分大きく感じられ、また肩幅は広かった。頭は丸く、髪は剛毛で、髭が顔を取り囲むように生えていた。髭は青年の頃は、黒光りしていたが、早くから白くなり始め、最後には雪のように真っ白くなった。額はきれいなアーチ型をしており、黒い眼が生き生きと輝いていた。鼻は

小さかったが、小鼻は広かった。精力的で、聡明で、誠実な、顔つきをしていた。彼の容貌にはユダヤ人的な特徴は現れていなかった。少なくとも立ち居振る舞いに現れたほどではなかった。マルクスは、低い姿勢で、早足で歩きまわることで、気ぜわしい、しばしば少しばかり演技をしているような感じで身振り手振りを交えて話すユダヤ人だということが知られていた。このことがあまりにも目立ったので、彼は典型的なユダヤ人だと（誤って）思われたほどである。

　マルクスは飾り気のない男であった。そして飾り気のないことを好んだ。ラッサールや彼と同じ系統の他の同志たちに対する嫌悪感は、おそらくマルクスが自分の出自のことを思い起こすことによって、より一層大きくなったのであろう。

　マルクスは真の学者であった。その特徴の多くにおいて真のドイツの学者であった。マルクスは本の中で暮らし、本と共に暮らすことを好んだ。マルクスは壮大なプランを作り、大胆な構想を立て、資料を集め、研究し、書きに書き、消してはまた消した。マルクスは、自分が望んだものを完成させるためには、あまりにも多面的で、多層的な性格の持ち主であった。勿論、生計や健康といった面での、外部からの妨害は厳しいものがあった。しかし、「正しい心は決して殺されることはない」のである。マルクスは柔軟な性格の持ち主であったが、この性格は、快活さと勇気とを常に取り戻すことを知っていた。それこそが、マルクスがその途方もない活動を行うために必要とするものであった。たとえ、過度の、時として深更に及ぶ労働によって、マルクスが「自分は死ぬことになる」という考えを、いつも繰り返し抱いたとしても、である。

マルクスは哲学者であった。彼はヘーゲルに反対して、唯物論的に――「現実的に」と言うほうがもっといいであろう――考えることを学んだが、青年ヘーゲル派を否定することは決してなかった。自分の最初の研究と結びついている法哲学、社会問題の探求、経済学説の発展史についての果てしない研究、こうしたことが早い時期からマルクスの思考の幅や奥行きを広いものにしていった。そして、時には時事問題によって、時には新しく出た本や、他方面に亘るエンゲルスからの刺激などによって、マルクスの思考は常に新しい分野を彷徨した。時事問題は、マルクスが生活の糧を得るためにそれについての記事を書かなければならなかったことから、より一層、彼の関心を引くことになった。さらにマルクスにはまったく縁遠かった分野の著作にも彼の関心は向けられた。ダーウィンの『種の起源』である。この本はマルクスの創作力が最も旺盛だった頃に出版された。しかしマルクスはそれを、彼にはほとんど役立たなかった他の多くの文献と一括りにしてしまった。

　マルクスの知的活動は多岐にわたっていた。例えば、既に触れたことであるが、ヘーゲルの論理の概略をまとめるという彼の考えは、弁証法の核心を誰にも分かるようにしようとしたことを示している。彼はまた哲学史に関する計画も持っていたし、後年には数学に熱心に取り組み、微分法について独自の理論を作ってみたほどである。したがって、マルクスは何かに集中することが十分にはできなかったことを、残念ながらときとして認めざるを得ない。

　しかし、単なる思想家あるいは理論家ではなく、革命的な政治活動家でもあり、またそうなろうとしたことこそは、マルク

スの本来の姿であった。資本主義に対して怒り、これを憎悪することは、確固として労働者階級の側に立つこと、これが彼の力の源泉であり、自らの運命を賭ける鍵であった。勿論彼は、思想家としての自分の使命を完遂しよう思っていた。そして、社会主義的思想に対して科学的な深い基盤を持った理論を与えることは、彼の最大の望みであった。

しかし、すぐれた業績にもかかわらず、マルクスの人生には悲劇の印象が残る。それはとりわけ次のことが原因となっている。マルクスは生前において、はやくも英雄に祭り上げられ、絶対的権威者となってしまった。それ故またしばしば無益な問いに対する神託宣下者になった。しかも、彼の答えはどうとも理解できるものであったために、相対立する彼の支持者たちの感情をかき立てることになった。

マルクスは精神と気質において極めて優れた天分を持った人間であった。生来、情熱的で血気にあふれていたが、働き盛りの年齢になると、自分の気分をコントロールするようになった。そして多くの場合、慎重に考えた上で判断を下した。ただ、フランスにおける内乱に関する報告書からは、青年時代の情熱が甦ったことが見て取れる。このことは、パリ・コミューンの恐るべき経験を考えれば容易に説明がつく。

他方で、マルクスの革命的な心情は人間のより良き未来への確信によって崇高化された。マルクスはあらゆる感情的な推論をひどく軽蔑したが、彼自身は労働者の苦しみを深く感じ取り、彼らの状態をよくすることであれば何にでも非常な関心を持った。マルクスの著作にもこの特徴が見て取れる。そしてその著作を通じて、彼は自分の思想と心情を、ドイツの、いやヨー

ロッパおよび他の大陸の労働者階級の精神の中に深く埋め込ん
でいったのである。

4. その死まで（1867-1883 年）　*139*

第Ⅱ部　学説

Ⅰ. 経済学批判、価値理論

価値

　マルクスの学説の中核となっているのは、政治経済学批判である。批判の対象となった政治経済学（あるいは国民経済学、ただしマルクスはこの名称は使わなかった）は、今日、先例に倣って古典派経済学として理解されているものである。マルクスはこれを厳密な学問としたうえで、これを俗うけするように皮相化したものとしての俗流経済学とは厳しく区別した。周知のように、この学説は主としてイギリスで成立していった。イギリスでこれを完成させたのは、アダム・スミスとデービット・リカードである。スミスの先行者はフランスの重農学派であるが、マルクスにとっては、その創設者は再びまたイギリス人であった。ウィリアム・ペティがその人である。

　古典派経済学はその最盛期に達すると、実践的な主張を展開していった。それによれば、国民の幸福が最大になるのは、国内外の商業が自由であるときであり、この場合に問題となる「年生産物」の分割にとっては、国内における自由、すなわち自由競争が最も重要である、ということになる。この考えによれば、分配は公平に行われるので、生産への寄与に応じて、収入を巡って三つの大きな階級が形成される。すなわち、地代は土地へ、利潤は資本へ、賃金は労働へ、それぞれ割り当てられるのであ

る。このように考えるならば、生産の創始者は常に資本であり、土地と労働に対しては、資本がその使用に相応する取り分を支払うことになる。

どのような法則によって、土地と労働はその取り分を請求できるのであろうか。また資本にはどのような取り分が残るのであろうか。これが、次にすぐ出てくる問題である。分業のもとでは以下のことが、当然のこととして、そして不可避のこととして前提とされる。各々の生産者は、その生産のために最も有利な条件を行使できるものを生産するということ、しかも同じような状態にある他者と競争して生産するということ、である。生産はすべて市場のために、それゆえ交換のために、しかも一般的交換手段——金との交換のために行われる。

交換は、すなわち貨幣への変換はいかなる法則によって行われるのか。これが第3の、しかも核心的な主要問題である。なぜなら貨幣収入の分割はこの交換に依拠しているからである。古典派経済学は次のようにいう。商品の価格、すなわち市場価格は様々に変化するが、自然価格というその商品の価値に対応した価格が存在する。この場合の価値は交換価値であり、使用価値とは厳密に区分される。交換価値は価値そのものであって、現実には、貨幣量として、すなわち、任意に選ばれた一定量の生産物の購買力として現れる。価値は交換されることによってのみ実現する。つまり他の商品と比べられ、したがってまたすべての商品を代表する貨幣と比較されることによってのみ、価値は表現される。それゆえこの第3の問題は価値の問題ということになる。

通常、価値は［利潤、地代、賃金といった］数種類の収入でもっ

144　第Ⅱ部　学説

て構成されるものとされる。この理解はアダム・スミスにも見られる。だがアダム・スミスにあっては、これとはまったく逆の、そしてより深く考えられた見解も主張されている。それによれば、価値がまず先にきて、収入はそのあとにくる。価値はこの種々の収入の中に溶解しているのである。リカードはこの見方を発展させて、人間の努力によって価値を高めることのできない財もあるという例外を設けた上で、すべての財の交換価値はその財に体化された労働の量によって規定されるとした。

マルクスは、価値学説がどのように展開したかを見るために実に膨大な作業を行ったが、とりわけリカード学派の発展と解体に関しては熱心に取り組んだ。マルクスはこれを古典派経済学批判と結びつけようとした。マルクスは価値規定に関して、リカードから基本的な考えを借りた上で、より詳細な規定を行った。それによれば、商品に対象化された労働時間、あるいはマルクスが好んだ具体的な言い方をすれば、商品に凝固された労働時間、しかも社会的に必要な労働時間、すなわち労働の生産性の水準に応じて商品を再生産し市場に供給するために必要な労働時間、これが商品の価値を構成する。次にマルクスはこの原理から新しいそして批判的な結論を導き出す。マルクスが、最初に重要な結論だと思ったのは次のことである。

1. 労働自身は二重の性格を持っている。それぞれの性格に応じて、労働は使用価値あるいは交換価値として現れる。

2. 収入の種別についてのどのような区分よりも先に、労働によって生産されたあらゆる生産物の中に存在する労働力の価値と「剰余価値」との区分とが論じられなければ

ばならない。この剰余価値は、金利、地代等々といった個別の形態とは独立したものである。なぜなら、剰余価値の一般的形態においては、利潤、金利、地代といったものは、すべてまだ区別されておらず、いわば溶融されている状態にあるからである。

3. 労賃は、最初はその背後にさまざまな関係を隠蔽した非合理的な表示形態をとって表現される。時間払い賃金及び出来高払い賃金の2つの形がそれである。

マルクスは、これが『資本論　第1巻』の最も重要な点であると、あるいはこれらが根本から見直された新しい3つの要素であると、何度も協調している。

『資本論　第1巻』では資本の生産過程が展開される。近代社会の富の基本的形態としての商品は交換によって価値形態をとることがここで述べられる。単純な価値形態は発展した価値形態に移行し、発展した価値形態は一般的価値形態へ移行する。そして一般的価値形態から貨幣形態が生じる。この理論が一番強調するのは、労働生産物が商品形態をとるやすぐにその謎めいた性格をつきとめ、しかもその謎めいた性格をこの商品形態自体から導き出すということにある。価値とは、物象的覆いに隠された個々人の関係のことであり、使用対象を価値として規定するのは、言語の場合とまったく同様に、社会的に生み出されたことなのである。お互いに独立して行われる私的労働が一緒になり、その集合体が社会的総労働を形成するという社会的関連にあっては、問題となるのは、個々人が相互に向き合う直接的な社会関係なのだ。しかしこれが現れるのは、個々人の物的な関係としてであり、物象的社会的関係としてである。こう

した関係の中でこそ、労働は一方において使用価値を生み出すのである。もっともここでは労働は、古典派の経済学でもそうであったように、単純に量的側面から観察されている。労働を量によって区別するという時には、労働が質的には同一のものであること、あるいは無差別のものであること、したがってまた抽象的人間労働というものに還元されるということ、こうしたことが前提とされる。

　交換過程からは、貨幣を媒介とした商品流通が発生する。価値尺度としての貨幣は、商品の内在的な価値尺度すなわち労働時間を、外から見えるものとするために採らざるを得ない形態にほかならない。貨幣の資本への転化が特別の章でもって論じられる。まず、貨幣としての貨幣と、資本としての貨幣とが、貨幣の循環形態の違いだけによって区別される。単純な商品流通は、自分が持っていない使用価値の獲得を目的とするものであり、そしてこの目的を果たすことによって商品流通は完結する。これに対して、資本としての貨幣の流通はそれ自体が目的である。なぜなら、この常に更新される運動の内部でのみ、価値は絶え間なく成長することによって、自分自身を意味のあるものとするからである。資本の運動にはそれゆえ限度がない。

　商品の交換はその純粋な形にあっては等価物の交換である。剰余価値の形成と、またそれに基づく貨幣の資本への転化は、売り手が商品を価値以上で得ることによっても、買い手が価値以下で買うことによっても、説明はできない。その使用価値自体が価値の源泉となるような商品が存在しない限り、剰余価値が流通から生まれることはありえない。労働力こそがこのような特別の商品に他ならない。それは剰余価値の唯一の源泉であ

る。労働の生産性が高まって、労働が労働力の中に体化された価値以上のものを生産できるようになれば、直ちにそうなる。

　理論的には次のように理解される。労働力商品は他のあらゆる商品と同様に、その再生産に必要とする社会的労働時間の量によって規定される。つまり、歴史的、倫理的に定められた慣習や生活上の欲求から、労働者が自分自身とその子どものために必要とする、生活手段及びその他の日用品の中に含まれる労働時間によって規定される。若干の労働部門にあっては、教育と育成の費用がこれに加わる。労働力の買い手は、労働力を一定の時間を区切って、例えば 12 時間の労働時間といった形で取得する。ここで社会的労働は次の意味で二重のものとなる。つまり社会的労働は、1.（個別的な）使用価値、例えば織物と、2.（一般的）価値、の双方を生み出すのである。社会的労働は、一定の時間で自らの源泉である労働力の価値を再生産し、この時間を超えて労働を続けるならば、この超過時間は剰余価値を生み出すことになる。このことに関しては、マルクスは極めて簡潔な計算例を示している。

　マルクスの理論にあって一番重視されたのは、労賃は労働の価格ではなく、労働力の価格だということである。価値形成の原理としては、労働はそれ自身ではなんの価値も持っていない。それは商品になることは出来ない。しかし、労働する能力と労働しようとする意欲は、それが労働者自身によって商品として意識され提供される限りにおいて、商品となる。こうした区分を行うことによって、マルクスはリカード学派が克服できなかった難点を解決しようとした。リカード学派によれば、価値尺度を形成する労働は、それが価値となるさいに支払いを受

148　第Ⅱ部　学　説

けるのであって、生産物のすべての価値は労賃に吸収されざるを得ない。一方で、マルクスがその全体を剰余価値部分として把握した、賃金以外の収入［利潤、地代］も、この生産物の価値から引き出す必要がある。剰余価値を生産することが資本家的生産なのである。

　資本家的生産は歴史的に形成されるものであって、生成、発展、没落するものであることを認識しなければならない。すなわち、資本家的生産は、第一に商品の生産であって、それを普遍化することによって、初めて商品生産をもって社会的生産とするものであること、だが第二に本来的に剰余価値の生産であるということ、このことにまさに資本家的生産の本質があり、この本質から資本家的生産の歴史性を言う必要がある。

　マルクスは絶対的剰余価値と相対的剰余価値とを区分する。絶対的剰余価値は、労働者がその労働力の価値を再生産するための時間を超えて労働時間を延長することによって生まれる。この剰余労働は、労働力の買い手、つまり労働力を購入することでその所有者となるものによって横領される。これが、資本家的システムの一般的な基盤である。一方、剰余労働を増やす特殊な方法として、必要労働を減らすことがある。つまり、賃金の等価物を生産するために必要とされる労働時間が少なくなればなるほど、一日の労働時間が同じであっても、資本の取り分はそれだけより多くなる。労働を雇用する資本にとっては、この資本の取り分となる時間での生産物、すなわち剰余価値を生み出す剰余労働こそが重要なのである。

Ⅰ．経済学批判、価値理論　*149*

剰余価値

ここで問題になるのが相対的剰余価値の生産である。これは、労働の技術的過程と社会的集団化に革命的に作用する。前者——絶対的剰余価値の生産——にあっては、労働を単に形の上で資本に従属させるだけでもう十分なのである。それは家内労働でもいえることだし、職人等を増やしたりする場合でもそうである。資本家的生産様式は、最初は労働が現実に資本の指揮下に入るということを基礎として形成される。しかし歴史的特殊性をもったものとしての資本家的生産様式は、なによりも、またとりわけ、相対的剰余価値の生産のための手段である。このことは、その生産物が労働力の価値を決めることになる産業部門、すなわち一般的な生活手段ないしそれを補充しうるものを生産物とする産業においては決定的な意味を持つ。そしてこの相対的剰余価値の重要性は、この生活手段（消費財）の生産部門から更にまた生活手段を製造するための生産手段（生産財）の生産部門へと広がっていく。

競争が至る所で起き、資本は商品をより安く生産しようと努力する。商品を安くすることによって、総生産物の価値と比較して労働力の価値を小さくし、したがって労働時間が同じであるにもかかわらず剰余価値が大きくなる。これが、競争によって得られる共通の利益である。商品を安くする一般的手段は労働の生産性を上げることである。生産性の発展に比例して相対的剰余価値は大きくなっていく。大資本においては、そのための特有の生産方法として、次のようなものが次々と登場する。

150　　第II部　学説

Ⅰ）第一は協同労働である。これは、同じ生産過程で、あるいは異なってはいても相互に関連した生産過程で、多くの労働者を計画的に一緒に働かせるというものである。労働者はここで孤立した人間としての限界を抜け出して、類的存在としての能力を展開する。バラバラの、お互いに独立した個々の労働過程は、結合された社会的労働過程へ転化する。資本による指揮は労働条件の一つとなり、戦場における将官の命令と同じように不可欠なものとなる。

資本による管理はその内容から二重の性格を持っている。何故なら生産過程自身が、一方では社会的な労働過程でありながら、他方では資本を有効に活用する過程であって、そうである以上、搾取するものと搾取されるものとの対立関係によって規定されるからである。［資本による管理の］形態は専制的である。労働者を直接監視することは、それ自体が賃労働の一種となる。

資本が労働を協同労働の条件の下に置くとき、労働の社会的生産力は資本にとっては無償で高まっていくものになる。したがって労働の社会的生産力は資本の内的な生産力として現れる。協同労働自体が、資本家的生産過程に特有な形態として現れるのである。協同労働の単純な形態は資本家的生産様式の特殊な形態として現れるが、協同労働の更に発展した諸形態もまたそうである。

Ⅱ）そのようなものとしてまず、協同労働の発達した形態としての分業とそれに基づくマニュファクチュアが考察される。マニュファクチュアには二つの起源がある。一つは、以前には独立していた職人的労働を資本の指揮下に結合させて、一つの

Ⅰ．経済学批判、価値理論　*151*

生産物を一緒に製造することである。この結果、この職人的労働は、作業領域が狭められ、それに適合するように単純化する。もう一つは、同じ仕事をしていた職人達が一つの工場に連れてこられ、工場の中で分業することである。両方の場合とも、結果として一つの生産機構が生じるが、それを構成するのは人間であり、その基礎は依然として職人労働のままである。結合された労働を担う労働者は、以前の独立していた職人たちだけで構成される。職人的労働が独立して行われる場合と比べると、労働の生産力は向上する。労働者の卓越した技量や作業道具の改良などがここでは一緒に生産力の向上に寄与する。

　［マニュファクチュアには、上述のように］二つの原基的形態があるが、つまり独立した部分的生産物の単なる機械的な組立が行われる場合と、一連の相互に関連する諸過程と諸操作が対象物の形成過程を決める場合とであるが、この第二の形態がマニュファクチュアの完成型である。ここでは、労働者の総体は、それぞれが細分化された労働を行うように組織されたものとして現れる。総体としての労働者は製造過程の様々な段階を同時に処理するが、これは、それぞれの労働者が特定の部分的労働に固定され、個別の作業に従事する労働者数の総体的割合が固定されることを通じて行われる。労働者の各々の集団は同質の分子から成っていて、総体としての労働者の一つの特別な器官を形成している。それは同時にマニュファクチュアの特別な機構でもある。またマニュファクチュアには、職人的労働による経営にあっては排除されていた非熟練労働者も参入する。労働力の価値の低下は資本にとっては好都合なことであり、継続性、単調性、規則性、労働の秩序と緊張度が（職人労働と比

べて）強化されることもまた同じ意味を持つ。

　一つ社会のなかの分業とマニュファクチュアのなかの分業とは、多くの類似性と関連性を持ってはいるものの、本質的な違いがある。実際、分業が発展した後は、両者は相互に逆の関係になる。社会にあっては独立した商品生産が相対峙して行われるが、マニュファクチュアにおいては専制的な秩序と集中が支配する。社会的分業の無秩序さは、資本家的生産様式の特徴となるものだが、その発展の初期の局面にあっては、［マニュファクチュアという］計画的、専制的な組織体と遭遇することになる。

　マニュファクチュア的分業は労働者をゆがんだものにし、資本の所有物だという烙印を労働者に押してしまう。そしてその進展の中で、分業は資本家的生産様式の意識的、計画的、体系的な形態となる。マニュファクチュアは、資本家的生産様式としては、労働の社会的生産力を新たに発展させ、それによって相対的剰余価値を生み出すための、あるいは資本の自己増殖を労働者の犠牲において高めるための、一つの特別な方法にすぎない。

　だが、マニュファクチュアの発展には障害があった。それに固有の狭隘な技術的基盤、とりわけ労働者側の訓練と服従の不足である。「マニュファクチュアの時代」は、資本家的生産としては不完全なままであった。それは今日、ゾンバルトによって前資本主義と名づけられた時期でもある。

　Ⅲ）次にようやく機械が現れる。資本はこれによって労働の生産力と、同時に相対的剰余価値を最大限に高める。18 世紀

Ⅰ．経済学批判、価値理論　153

の産業革命が始まったのは実に作業機械からであった。それは今もなお職人的労働による経営やマニュファクチュアをあらたに機械制経営に移行させている。作業機械は、大量の同じ種類の道具を一斉に操作するもので、形態がどうであれ単一の動力によって動かされる。それによって作業機械は、それぞれが自分の道具で作業する労働者にとって替わる。動力機が作業機械に続く。動力機は人間の力の制限から解放されたものであり、これによって多数の作業機械を同時に動かすことが可能となった。そして同時に、全ての発達した機械装置の三番目の部分である動力伝達メカニズムが拡大され、巨大な設備となる。

　本来的な機械制工業は、同じ種類の多くの機械による協業からは区別されなければならない。後者では、部分的労働のための機械が結合したものとして、分業が再現される。マニュファクチュアにおいては、作業過程は労働者に合わされるという主観的な分業原理がなおも効力を持っている。機械制工業においてはすべての作業過程がそれを構成する諸段階に客観的に分解される。機械装置自体が一つの生産段階から別の生産段階へと原料を送り出すのである。

　マルクスは次のように言う。

　　「ここでは（機械制経営の最も発達した形態にあっては）個々の機械に代わって、機械の形をした怪物が現れる。その体は工場の建物全体を満たす。悪魔的なその力は、初めは巨大な手足のほとんど儀式じみた品位ある運動によって隠されている。しかしこの力は、無数の本来の作業器官が熱に浮かされ狂ったように踊り回るなかで、一気にあふれ出る」。

154　第Ⅱ部　学説

大工業は、その出自となった職人的労働あるいはマニュファクチュアに適合した基盤から自らを解放するが、それは機械によって機械を生産して、大工業を特徴付ける生産手段である機械自体を自らのうちに取り込むことによってである。それによって大工業は自分に適した技術的基礎を作り出す。今や労働者の前には、労働者とは切り離された生産メカニズムが、自分たちが関与する以前に完成している物的生産条件として現れる。労働手段はかくしてすこぶる強力なものとなって、極めて広い範囲において、人間の力は自然の力に、経験による熟練は自然科学の意識的応用に、それぞれとって替わられる。

　機械は新しい価値を創出するものではないが、それ自身の価値を生産物に移転することによって、生産物に価値を付加する。機械自体は、職人的労働やマニュファクチュアの道具と比べると、ずっと大きな価値を持っている。したがって機械にあっては、その機能と、損耗を通じて移転する部分的価値との間の差異もまた非常に大きい。日常の平均的な損耗と補助材料の費用とを別にすれば、労働手段は、自然の力と同様に対価なしで使える。この無償での働きの大きさは当然のことながら［道具よりも］機械の場合の方がはるかに大きい。しかし、機械によって機械を生産することは、機械の作業範囲と機能とに反比例してその価値を減少させ、生産物に移転する価値もそれだけ減少する。そして機械自身は一層生産的になり、その働きは一層自然の力に近づく。

　機械の生産に要する労働は機械の使用によって置き換えられる労働よりも常に少なくなければならない。だが資本家的生産様式は、最初に、機械の価格とそれが代替する労働力の価格と

Ⅰ．経済学批判、価値理論　155

の差を問題にする。労働力が安ければ、それに代えて機械を動かそうとする魅力はそれだけ少なくなるのである。

　機械が労働者に及ぼす影響はまず次のことに現れた。それは、機械がなければもっと大きな肉体的な力を必要としたであろう場所で、婦人労働と児童労働を用いることが可能になったということである。これによって資本が搾取する範囲と共にその度合いも拡大し、労働力の価値は減少する。労働者と資本家との間の契約には革命が起きる（労働者は今やその妻や子供たちの労働力も売ることができるからである）。

　労働の生産性を上げることによって相対的剰余価値を増やすことと、労働日の延長によって絶対的剰余価値を増やすこととは、たしかに区別はされるとしても、機械という極めて強力な労働手段は、労働の生産性を上げるように作用すると同時に、労働日の延長を強く働きかけることにもなる。この労働手段の動きと稼働性が労働者に敵対する形で独立化することによって、そうなってしまう。機械には損耗だけでなく空転ということもある。また物理的摩耗と共に、「道徳的」摩耗も存在する。機械の価値は、それと同じものか、それよりも優れたものの再生産に必要な労働時間が減少することによって、低落する。労働日を延長しようとする特別の動機がここにある。そうすれば［今使っている］機械の総価値［に相当するもの］がそれだけ早く再生産されるからである。

　更に、労働日が延ばされるほど、労働手段を利用するために必要な［単位時間あたりの］出費は減少する。機械に投下される資本が増大するほど、このことの重要性は高まる。機械を使わずに放置しておくことはほとんど許されないだけに、労働日

156　第Ⅱ部　学説

を延ばそうとする意向は一層強くなって現れる。

　剰余価値の総量は剰余価値率と労働者の数によって規定されるが、機械を使用する場合は、一方の要因である剰余価値率は、他のもう一つの要因である労働者の数を減らすことによって増やされる。その限りにおいて、機械の使用には一つの矛盾が存在する。このことからも、資本家は、自ら意識することなく、労働日の延長に駆り立てられる。機械は、労働者を駆逐し、過剰労働人口を生み出し、労働日のあらゆる道徳的、自然的制限を廃棄してしまう。機械はその本質からして労働時間短縮のための最も強力な手段であるが、これは資本家の手にあっては、労働者やその家族の場合とは全く逆の意味を持つことになる。

　労働時間を法的に規制するということは社会的な反発から生じたものである。国家は労働者の反乱によって労働時間を規制する法律を制定することを強いられた。労働時間の制限は、一方で機械システムの加速度的発達を招き、他方で労働ないしその強度の濃密化をもたらす。とりわけ、機械の速度を上げ、労働者一人あたりの作業領域を拡げることによって、労働の生産性が高められる。そしてそのことが再びまた相対的剰余価値の生産に寄与する。

　工場内の分業にかかる伝統的システムは機械によって技術的側面から解体される。これまで労働者は生涯、専門的に一つの部分的な作業道具を扱っていたのだが、本来の工場にあっては、終生、専門的に機械の一部分に仕えることとなり、労働者自身が機械の一部に転化しなければならなくなる。労働者は労働条件に従って働くという資本家的生産の一般的な本質は、ここで技術的に明確な現実性を持ったものとなる。このことと、労働

Ⅰ．経済学批判、価値理論　**157**

者が性的にも年齢的にも多様な集団（男と女、成人、若者、児童）によって構成されるということから、兵営のような規律が生み出され、工場内の労働は軍事的に編成される。この展開の全ての局面で労働と資本は対峙する。労働は資本の物質的存在としての機械と戦うのである。労働手段は労働者自身の競争相手となり、労働者を打ち倒す。労働手段は、労働者の要求が高まる際にこれを抑え込むための最も強力な対抗手段となる。機械によって職を奪われた労働者は、労働市場において使用可能となる労働力の数を増加させる。そしてそれによって、資本はこうした労働者を自由に雇用できるようになる。

　当然のことながら、機械による全般的な産業革命の結果、全く新しい生産分野、新しい労働領域が形成される。機械によって生産を拡大した産業に、そのための労働手段を供給する分野の生産が増大するのである。それによってとりわけ機械の生産が増える。機械によって作られた製品をさらに加工する産業もまた同じである。有名な例は、機械紡績業がもたらした木綿織物業［の発展］である。

　さらに、剰余価値の増大と共に奢侈品の生産が増え、非生産的用途にあてられる労働者の割合がたえず増えていく。労働者は機械を用いた経営によって駆逐されるにもかかわらず、同種の工場の数の増加と、その規模の拡大に伴って、工場労働者の総数が、機械を用いた経営がない場合の同じ産業における職人的労働者やマニュファクチュア労働者の数よりもずっと多くなることがあり得る。

　最も有利な生産分野は、常により巨額の資本を自らに引き寄せる。大工業における拡大の可能性が限界に遭遇するのは、原

158　第Ⅱ部　学説

料と販売市場だけである。国際的分業が創出される。ここでは、地球の一部は農耕に割り当てられ、断続的に拡大していく工場は、盲目的な競争の中で、自分の生産物と引き換えに農産物を手に入れようとする。

かくして市場は、a）中位の活況、b）繁栄、c）それに続く過剰生産、d）恐慌、e）停滞、という期間をたどって、過剰と収縮とを交互に繰り返す。労働者の生活状態は、機械を用いる経営によってますます不確かで不安定なものとなってしまう。

大工業は職人的労働と分業に基礎をおいた協業を終焉させる。大工業での労働を恒常的に安価なものにすることで、マニュファクチュアと家内労働に対して負の影響をもたらすのである。大工業は資本家の意向に沿って労働条件を効率化することを強要し、マニュファクチュアと家内工業は大工業の背後にあって、大工業に搾取される一部門となる。

この二つのことは、次第に前者［マニュファクチュアと家内工業］の後者［大工業］への移行を強いるものとなる。とりわけ、工場法が初期の工場経営に適用されたときはそうだった。マルクスによれば、「工場法は、社会的生産過程の自然発生的な態様に対する、社会の最初の意識的、計画的な反応であり、綿糸、自動紡織機、電気通信といった大工業の必然的な産物に等しかった」。

生産性の発展

資本家的生産様式は発展がある点を超えたあとは、その本質

からしていかなる合理的な改良も排除する。工場法の強制は、労働の技術的な発展を制限する資本家的障壁を打ち破る最初の一歩であった。全ての労働者に対して一定の作業空間を提供するということは、資本家的生産様式の根幹を揺さぶるであろうし、工場制度はそれにふさわしい社会的形態の中に置かれたならば、将来の教育制度もまたそのなかから生まれるはずである。マニュファクチュア的分業と大工業の本質との矛盾はずっと以前にすでに明らかになったが、社会的分業［と大工業との矛盾］もまた、生産の資本家的形態とそれに応じた効率優先の労働関係が克服されたときには、最終的に解決されるであろう。

　大工業の技術的基礎は革命的な性質を持っている。それによって、労働者の機能や労働過程の社会的結合はたえず変革されるし、また労働の社会的分業は常に革命的変化を受け、大量の資本と大量の労働者が一つの生産部門から他の生産部門へと投げ出される。労働内容を変換すること、労働者がどんな部門へも動けること、これが大工業の要求である。それにもかかわらず、資本家的な制約のもとでは、大工業は分業の硬直的な特化性を再生産することになる。この絶対的矛盾が、労働者の生活状態から、落ち着き、堅固さ、確実さ、といったものをことごとく喪失させ、労働手段でもって労働者を打ち倒し、生活手段を労働者の手から叩き落とす。機能の分散化によって労働者そのものはほとんど無用のものなる。労働者階級からは絶え間なく犠牲が供出され、労働力は際限なく浪費され、社会的無秩序という荒廃が生まれる。

　しかしこの悲惨さのなかで、他ならぬ大工業にとっての死活問題が生じる。労働内容の変換と労働者の多面性とを一般的な

160　第Ⅱ部　学説

社会的生産法則として承認し、この法則をごく普通に実現できるように諸関係を適合させること、つまり、労働に求められるものが変化する際にすぐに人間をそれに対応させること、種々の社会的機能を相互に交代し合うことがその活動の態様であるような、十分に発達し何でもできる個人が、部分的機能しか果たせない個人にとって替わること、という問題である。この変革の要因は既に、工業学校や農業学校の設置という形をとって、自然発生的に広がっている。労働者階級による政治的権力の獲得もまた、理論的及び実際的に学ぶべき技術として、労働者学校において教えられることになろう。

　資本家的生産様式とそれに対応した労働者の経済的諸関係は、こうした変革を醸成するようなものとは全く正反対である。しかし大工業もまた、古い家族制度とそれに対応した家族労働との経済的基礎と共に、古い家族関係そのものをも崩壊させた。大工業の資本家的形態は［児童労働の一般化によって］子供に対する親権濫用を引き起こす。しかし同時に大工業は、社会的に組織された生産過程において、婦人、若者、子供に、家計の領域に留まらない役割を振り当てる。これによって大工業は家族と両性関係のより高められた形態のための新しい経済的基礎を創出する。この点に関しても、工場法がその準備を行う。

　大工業の歴史的発展過程自体から、工場法をすべての社会的生産の法則に一般化する必要性が生じる。工場法は、労働者階級の肉体的、精神的保護手段として不可避なものとなるが、それは他方で大工業の発展過程、すなわち資本の集積と工場編成の独裁制を促進することになる。工場法は、資本の支配と共に、この支配に対する直接的な闘争をも一般化させる。また、生産

Ⅰ．経済学批判、価値理論　161

過程の物質的諸条件や社会的結合と併せて、資本家的形態の諸矛盾と敵対関係とを深化させ、それゆえ新しい社会を形成する要素と古い社会を変革する契機とを同時に醸成させる。

　農耕においても、産業革命の影響が現れる。とりわけ労働者の過剰化を通じてこの影響は強められる。産業革命は、古い社会の防壁であった農民を滅ぼし、彼らを賃金労働者に変えてしまう。農業とマニュファクチュアのまだ未成熟な形態には原始的な家族的紐帯が絡み付いているが、産業革命はこれを引き剥がしてしまう。そして同時に農業とマニュファクチュアの新しい、より高度な融合のための物質的前提を創り出す。

　産業革命は、中心地への人口の集中を通じて人間と土地との物質代謝を攪乱し、それによって同時に、都市労働者の肉体的健康と農村労働者の精神的健康とを害する。しかし産業革命はまた併せて、この攪乱された物質代謝を、社会的生産を規則する法則として、そしてあらゆる面での人間の発展に適した形で、体系的に再生させること強要する。

　資本家的な形態をとる大工業は社会的生産過程の技術と結合を発展させるが、その発展は、あらゆる富の源泉である土地と労働者を徐々に弱らせることによってなされる。自然によって制約される労働の生産力は、同時にそれが組み込まれた社会的資本の歴史的に発展した生産力として現れる。労働はそれに組み込まれるのである。生産過程は、依然として労働者総体にとっては自然への人間の働きかけの過程のままである。このことから見れば、生産的労働の概念は拡大する。しかし、剰余価値を生産するかどうかが労働者が生産的であるかどうかの判別基準となる限りにおいては、生産的労働の概念は狭まる。

162　第Ⅱ部　学説

労働の生産性が労働者や労働者達の家族全体を維持するために必要な生活手段の生産を超えるようなものになれば、その程度がどうであれ、労働者以外の他の人間が剰余価値を獲得することが可能になる。その意味において必然的というべきであろうが、剰余価値の生産は資本家的生産においてはじめて体系的なものとなり、労働生産性は絶対的剰余価値と相対的剰余価値の違いが明瞭になるほどにまで増加する。

　労働の外延的な量（労働日の長さ。これをＡとする）、内的な強度（Ｂとする）、そして労働の生産力（Ｃとする）、この三つが一緒になって労働力の価格と剰余価値との相対的な大きさを決定する。この相対的な大きさは、Ａ、Ｂ、Ｃの組み合わせによって変わる。組み合わせとしては例えば、1．ＡとＢが所与で、Ｃが可変的、2．ＡとＣが所与で、Ｂが可変的、3．ＢとＣが所与で、Ａが可変的、4．Ａ、Ｂ、Ｃが同時に可変的、といったものが考えられ得るし、この組み合わせはさらに様々なものが可能である。

　生産力の発展の最も重要な傾向は、ＢとＣが増加し、同時にＡが短くなるというものである。ただし、資本家的生産形態が克服されれば、Ａは必要労働だけに限定されるであろう。だがそうなったら、必要労働の範囲が拡大するであろう。何故なら、第1に労働者の生活条件と生活の諸要求が高度化されるからであり、第2に現在の剰余労働の一部は、必要労働に、すなわち、社会的な備蓄資金・積み立て資金のための必要労働になるからである。

　労働の生産性は、社会的に見れば、労働の節約によっても増大する。とりわけ無用な労働を回避することによって労働の生

Ⅰ．経済学批判、価値理論　**163**

産性は高められる。しかしながら、資本家的生産形態にあって
は、その無政府的な競争システムが生産手段と労働力を際限な
く浪費させる。さらに、それ自体としては不必要な多くの機能
が資本家的生産様式には不可欠なものとなる。

　ＢとＣを所与とした場合でも、物質的生産のために必要な社
会的労働（すなわち労働日）にあてられる部分と、個々人が自
由な精神的あるいは社会的活動のために用いることができる部
分とは区分されなければならない。後者は、労働が社会のすべ
ての労働可能な成員のあいだでバランスよく配分されれば、そ
れだけ大きくなる。

　資本関係に固有の特徴なのだが、資本家的生産においては労
働者は製品自体には関与しない。ただし外見上は、資本と労働
にはある協同的な関係があって、この関係においては資本と労
働はそれぞれの異なった［価値］形成要因の割合に応じて製品
を分割するように見える。

　資本とは、本質的に不払い労働に対する指揮権のことであり、
すべての剰余価値は、その実体からすれば、不払いの労働時間
が物質化したものである。賃金は労働の対価ではなく、労働力
の対価である。労働が価値を持つのではない。労働は実体であっ
て、価値の内在的尺度である。価値を持つのは労働力であって、
労働は労働力の機能なのである。

　賃金は見かけの上では労働それ自体に対して支払われるよう
な形態をとる。これは非常に重要な意味を持つ。ひとつは、奴
隷労働の一部は奴隷自身のための労働であるが、奴隷を所有す
るという関係がこのことを隠蔽するように、賃金を巡る貨幣関
係は、賃労働の一部が不払い労働であることを覆い隠すからで

ある。また当事者のあらゆる法律的観念は、すべての労働に対して賃金が支払われるという外見に基づいていて、このことから資本家的生産様式の神秘化が進んでいくからである。

　労賃の二つの基本形態である時間払い賃金と出来高払い賃金のうち、第2の形態［出来高払い賃金］は、第1の形態［時間払い賃金］の転化したものである。出来高払い賃金は労働の転貸［また貸し］を容易にする。これは請負労働制《Schwitzsystem》において頂点に達する。また出来高払い賃金は、核となる労働者と生産に関する契約を締結し、この中核的労働者が自分で補助労働者を募集し、彼らへ賃金を支払うということをも可能にする。出来高払いは、資本家的生産様式に最も適した形態であって、工場法によって一般的な習慣になる。なぜなら、工場法のもとでは、資本は労働内容を強化することによってしか労働日を拡大することができないからである。

　出来高払い賃金の変更は、資本と労働の争いを引き起こす。賃金の変更が労働の生産性が高まったことによって生じる場合は、とりわけそうである。何故なら労働者は、出来高払い賃金も一定の労働時間の価格表現に過ぎないことを知らずに、資本家が労働生産性の上昇ということから導き出す結果［生産性が上がれば、製品一個あたりの労賃は引き下げられなければならない、とすること］に反対するからである。

　生産過程はどんな社会形態においても継続的でなければならない。生産過程は同時に再生産過程でもあるのが常である。生産が資本家的であるならば、再生産もまた資本家的なものになる。ここでは、生産は資本として前貸しされた価値を再生産するための手段に過ぎない。この過程は、資本関係それ自身を、

Ⅰ．経済学批判、価値理論　*165*

すなわち一方の側に資本家を、そして他方の側には労働者を、生み出し、再生産する。労働者は、常に資本としての客観的な富を生産するが、その資本は、労働者を疎外・搾取・支配する力なのである。資本は、長いか短いかはともあれ、それぞれの資本の再生産に必要な期間の経過後には、単なる生産過程の継続あるいは単純な再生産を、蓄積された資本あるいは資本化された剰余価値に転化する。資本は常に労働力を生産するが、これは、労働力を具体化し、現実化するための労働者自身の手段から切り離されているという意味では主観的なものとして、また労働者の生身の肉体的存在のなかにある富の源泉であるという意味では抽象的なものとして、生産される。

社会的な観点からは、労働者階級は直接的労働過程の外にあっても資本や労働装置の従属物である。実際、労働者階級の再生産には、ある世代から次の世代へと適応性が継承され集積されることが含まれているように、資本家もまた、この適応性を持った労働者階級の存在を、資本家的生産にかかる条件の一つに数えなければならない。そして再生産は、剰余価値の一部が消費されずに、追加資本として新たな剰余価値を生み出すことによって、単純な再生産を超えて、さらに発達した地平すなわち蓄積へと進む。

最初に前貸しされたどんな資本も、生産が繰り返される中で資本に戻入される剰余価値ないし剰余生産物と比べれば、その大きさはごく小さいものとなる。戻入される剰余価値は、最初の資本と様に、固定資本（労働手段）と変動資本（労働力）とに分かれる。蓄積のための蓄積、それゆえ自らの消費にあてる部分を制限すること、したがって節約をすること、これが社会

166　第Ⅱ部　学説

的システムと競争とによって資本家に強制される。このシステムにあっては、資本家は単なる駆動輪に過ぎない。そして競争は、資本を維持するためには資本を拡大せよと命じる。

しかしながら発展段階がさらに進むと、世間並みの浪費をし、金持ちであることを見せびらかし、そのためには借金もするといったことが単に享楽欲を満足させるものになるだけでなく、社会的に必要なものにもなる。贅沢は資本の代表的なコストとなる。その上、労働者にとって不可欠な消費財を購入するための資金の一部さえもたびたび資本の蓄積のための資金に転化される。

労働生産性の水準は資本の蓄積にとって、もう一つの重要な要因である。生産性が増大すれば、蓄積資金を減らすことなく、いやむしろそれを相対的には増やしながら、資本家は消費を拡大することが許される。生産性の増大はしかも、追加資本が減少する場合でも蓄積を加速させる。なぜなら、実質賃金が労働の生産性と歩調をあわせて上昇することは決してなく、生産性の上昇は所与の労働量が扱う生産手段の価値と量を増大させるからである。

賃金基金に関する国民経済的ドグマの根底にあるのは、資本家が消費のための基金と蓄積のための基金との間で行う分割にあたって、労働者は受け身であること、そして労働者は例外的な場合にのみ、資本家の負担でその賃金を増やすことができるということ、この二つである。

Ⅰ．経済学批判、価値理論　*167*

本源的蓄積

　資本の価値構成（不変資本と可変資本）と資本の技術的構成
——生産手段と生きた労働力——とは区別されなければならな
いが、前者が後者によって規定される限りにおいて、前者は資
本の有機的構成と呼ばれる。資本の有機的構成が不変のままで
資本が増大することは、資本のうちで労働力に転化する部分も
増大することを意味する。労働に対する需要の増加は労賃を押
し上げる。蓄積は更に拡大された地平で資本［と賃労働の］関
係を再生産する。一方の極には、より多くのあるいはより大き
な資本家がおり、他方の極にはより多くの労働者がいる。同時
にこのとき、実質賃金が上昇し、それゆえ不払い労働が減少す
るということが起こりうる。しかしこの不払い労働の減少は、
それがシステム自身を脅かすところまで行くことは決してな
い。すなわち、常に資本関係が再生産されるのであって、ただ
それがより拡大された地平で行われるだけなのである。不変資
本部分すなわち生産手段の量が、可変資本部分すなわち生きた
労働力の量に比例して、たえず増大していくという法則がここ
では働いている。

　しかし、前者—生産手段—の価値は、その規模の大きさに比
べて低下していく。資本の一定の蓄積、「本源的蓄積」といわ
れるものが資本家的生産様式に特有の前提である。だがさらに、
資本蓄積と資本家的生産様式は相互に相手を規定しあい、共同
して可変的な構成部分［労働力］の割合を常に小さくするよう
に働く。

　蓄積とそれに伴う集中は多くの地点で分断される。そして新

しい資本の形成と古い資本の解体とが交差する中で稼働資本は成長する。集中が進むと同時に、多くの個人的な資本家の反撥が生じる。資本家による資本家の収奪、多数の小資本の少数の大資本への転化——これが本来の集中である——を通じた吸収が繰り返されるが、小資本家はこれに抵抗する。

　競争という資本の戦いにおいては、信用が新しいそして恐るべき武器となり、そして信用はついには資本を集中するための不気味な社会的システムになる。この社会的システムは主として資本の連合（株式制度）として機能する。資本の連合は蓄積活動を高め、加速させる。同時に資本の技術的構成の変化を拡大し、加速させる。このようにして結合された資本群もまた個々の資本と同様に自らを再生産し、増殖する。ただそれは、個々の資本よりは急速であり、そしてそれ故に社会的蓄積の新しい重要な手段となる。

　こうして労働に対する需要は、総資本の大きさに対して相対的に低落し、またその低落の度合いは、総資本の大きさが増大していくとともに加速度的に拡大する。資本家的蓄積は、その活動力と大きさに比例しながら、たえず相対的過剰労働人口を生産する（「相対的」というのは、資本の平均的な雇用需要に対してという意味である）。かくして労働者階級は、それ自身によって生み出される資本の蓄積とともに、みずからを過剰化する手段をその規模を拡大しながら生産する。——これが資本家的生産様式に特有の人口法則である。

　この過剰人口が再び資本家的蓄積の手段になる。いやむしろ、資本家的蓄積の一つの存在条件になる。膨張と収縮を繰り返す近代工業に特有の経路は、絶えず産業予備軍を形成し、そして

Ⅰ．経済学批判、価値理論　　**169**

量の大小はあるものの、これを吸収し、さらに再び産業予備軍を形成するということを基礎にしている。経済学のドグマは、現代産業における資本の運動は人口量の絶対的運動からは独立していると教えるが、そうではない。逆である。資本の膨張と収縮、価値増殖意欲の強弱が、労働の需要と供給を規定し、それによって、労働者階級がどのような比率で実働部隊と予備軍に分解されるかが定められる。労働組合が就業者と失業者との計画的な共同行動を組織しようとするのであれば、それは［資本のこの運動に対する］一つの対抗作用である。

　相対的な過剰人口は——産業循環によって大きく周期的に変化する形態を別にすれば——常に流動的、潜在的、停滞的という三つの形態をとって現れる。第一の形態は大工業の中枢に見られ、第二のものは農業地域に生じる。そして第三の形態は稼働労働力の一部をなしているが、極めて不規則な勤務という形をとる。この停滞的過剰人口が主に見られるのは、家内労働の分野である。それはまた人口の激しい自然増によって常に過剰人口を存在させることになる要因の一つである。

　だが、相対的過剰人口の最下層は被救済貧民の領域に淀んでいる。これを構成するのは、ルンペン・プロレタリアートを別にすると、1. 労働能力のある者、2. 孤児と貧窮児、3. 労働能力のない者、すなわち労働災害の犠牲者、病人、老人、寡婦等、である。社会的富、稼動する資本が増大すると共に産業予備軍は増大する。産業予備軍が実働部隊に比べて増えれば増えるほど、固定的過剰人口及び労働者階級の貧窮層はそれだけ多くなる。この両者が増えるほど、公的に救済されるべき貧困も増える。これは資本家的蓄積の絶対的一般法則である。当然の

170　　第Ⅱ部　学説

ことではあるが、この法則が現実化するに当たっては様々な状況の中で、それに応じて変更が加えられる。

　ヘパイストスの楔がプロメテウスを岩に縛りつけたよりももっときつく、この法則は労働者を資本に縛り付ける。富が一方の極に蓄積されるということは、反対の極には悲惨、労働の苦しみ、道徳的退廃が蓄積されるということである。これは資本家的蓄積の、それ故に資本家的所有関係一般の二者対立的な特徴である。この二者対立的な特徴は、大都市の住居の悲惨さ、移動生活者の住居状態、鉱山地帯における住居の現物支給制度といったものの中に見て取れる。労働者階級の中で賃金の支払条件が最も良い部分にさえ、恐慌は恐るべき影響を与える。

　1846年から1866年にかけてのイギリスの発展はこれらの全ての現象に関して古典的な事例を提供する。［この間に］イギリスの農業は前進したが、イギリスの農業労働者は逆に後退し、惨めな居住環境におかれていった。この後退はイギリス農業労働者の最後の抵抗力を打ち砕き、彼らを地主や借地農の奴隷に化した。上述した二者対立的な特徴をこのことほどに情け容赦なく実証したものは、他にはない。そこでは、常に相対的過剰人口が存在するにもかかわらず、集約的な農耕が臨時の人手を必要とするや否や、農村は人口過少となってしまう。その結果が、婦人や児童の搾取であり、「労働隊システム」である。農業革命と産業革命はアイルランドの運命を鮮明に照らし出している。

　上述のように、あらゆる発展の前提は本源的蓄積である。本源的蓄積は労働者と生産手段が歴史的に分離する過程である。封建社会の経済構造の解体によって資本家的社会を構成する諸

Ⅰ．経済学批判、価値理論　*171*

要素が解き放される。すなわち、富の源泉を握っている封建領主と同業者組合に拠った手工業親方が産業資本家によって駆逐される。そして農民と小土地所有者が土地と耕地から切り離される。これが全ての展開の基礎となる。

　農奴制の廃止のあとは封建的隷属制の解体である。農民層を追い払い、彼らの共有地を簒奪したのは主として新しい封建貴族であった。これに宗教改革と教会所領地の差し押さえが加わった。そのあとから、領主が封建的あるいは氏族的な表象的権原を持っていたに過ぎなかった土地に対して近代的な私的所有権が傲慢に行使され、ついには国有地の大がかりな盗奪が行われる。さらに、共有地の囲い込みのための法律、資本家的小作地の形成、農民所有地の一掃、耕作地の牧草地への転化、放牧場の狩猟場への転化、独立自営農民の駆逐と根絶、といった本源的蓄積のための諸方策によって、資本家的農業のための土地が獲得され、工業は、権利を剥奪されたプロレタリアートから必要なだけの補給を行った。暴力的に土地を収奪された農民は、強権的な法律によって、賃労働制度に必要な訓練へ駆り立てられた。

　興隆しつつあったブルジョアジーは、国家権力を必要とし、それを利用した。労賃を規制し、労働者を日常的に資本に従属する状態で維持するためである。高賃金を抑制し、労働者の団結を禁止する法律が作られる。幾世紀にもわたって進められていった農業革命の過程で、資本家的借地農が発展していった。工業プロレタリアートが稠密化するのに対応して、独立自営農民は希薄化する。

　労働者とともに、その生活手段や労働材料も解き放たれ、国

172　第Ⅱ部　学説

内市場が創り出される。農村家内工業は破壊され、農業と工業の分離が大工業の支配を通じて完成する。本源的蓄積のさまざまな契機は、植民地システム、国庫債務システム（これは本源的蓄積の最も強力な槓杆の一つである）、近代的租税システムそして保護関税システムの中に集約的に現れる。植民地制度は残虐な暴力を用いるが、いかなる方法であれ、[新しい社会への]移行過程を短縮するために国家権力を利用する。「暴力は、新しい社会をはらむ全ての古い社会にとっての助産婦である。暴力はそれ自体が一つの経済的な力である」。

　高利貸しと商業とによって形成された貨幣資本は産業資本へ転化するが、この転化は最初にその自由な活動空間を、海港都市、地方のツンフトの制約のない場所などに見いだした。資本の本源的蓄積は、農奴の自由労働者への直接的転化でないかぎりは、自己労働に基づいた私的所有というものの解体を意味する。プロレタリアートは、絶えず膨張し、資本家的生産過程自体の機能によって訓練され、統合され、組織化される。そして、その悲惨さとともに、彼らの反乱もまた増大する。

　　「生産は資本の独占によって、そして独占の下で進展するが、資本の独占が生産の桎梏となる。生産手段の集中と労働の社会化は、資本家的外被をまとっていたのでは耐えられない段階に到達する。外被は爆破される。資本家的生産様式の最後を告げる鐘が鳴る。収奪者は収奪される」。

　植民地の資本主義の発展は特別の観察を行うに値する。植民地ではまず労働者が欠けている。そのため、資本家に代わって生産手段の所有者が自己労働によって自分自身を富ます。かくしてここではまた、農業と工業の分離もまだ見られないし、農

村家内工業の破壊も見られない。そのようなところで、資本の
ための国内市場はどこから生じるのであろうか。回収に年月の
かかる固定資本の投下を必要とし、生産期間が何年にも及ぶ、
息の長い企業体はいずれも障害にぶつかる。課題は、労働の供
給を定常的で規則的なものにすることであり、(ウェークフィー
ルドによれば) そのためには労働者が自営農民となるのを妨げ
る程に土地価格を高くすることだ。他の人間がやって来て労働
市場で彼に替わるまでは、そうしなければならない。——これ
がいわゆる「組織的植民」である。

　アメリカ合衆国においては、ごく自然な発展によってこうし
た対策は次第に余計なものになっていった。アメリカでも資本
家的私的所有は、自己労働に基づく私的所有の破壊を引き起こ
した。

Ⅱ. 平均利潤の謎

価値理論と経験的事実の対立

ここまでマルクスの学説として『資本論』の最初の巻（第1巻）からその核心を抜粋してきた。マルクスの遺品の中から手稿として見つかった断片をつなぎ合わせることによって、『資本論』第2巻、第3巻のための膨大な準備作業が進められたが、これにはエンゲルスがうってつけであった。学説史として『資本論』の第4巻を構成するものと指示された、内容的にかなりまとまりが見られた原稿はカウツキーによって編集された。これは、外見上は『資本論』とは切り離された形で、全3巻からなる『剰余価値学説』という書名で、1910年にシュッツガルトで出版された。

『資本論』の第1巻は資本の生産過程を対象としていたが、第2巻は流通過程によって第1巻を補充するものとされる。第2巻の第1篇（資本の諸変態とその循環）においては、貨幣資本、生産資本、商品資本の区分と流通期間、流通費用について説かれている。これは重要である。第2篇では、資本や労働の回転期間、労働期間、生産期間、流通期間、回転期間が前貸し資本の大きさに及ぼす影響、可変資本の回転、剰余価値の流通、が書かれている。これも価値の高いものである。［第2巻］第3篇では、すでに第1巻で論じられた多くのものが、社会的総

資本の再生産と流通として、さらに詳述される。

　第3巻はページ数が多く、2分冊になっていて、資本家的生産の「総過程」を描がいている。ここで、「平均利潤率の謎」の解明がなされる。エンゲルスはこの謎を、価値理論と経験的事実との対比から生じるように見える困難性と呼んだ。価値理論から考えられるのは以下のようなことである。剰余価値はもっぱら可変資本、すなわち労賃に投じられた資本から生まれるものであるから、剰余価値は資本のこの可変部分が不変部分に比べて大きくなればなるほど、相対的により大きくなるはずであり、逆の場合はやはり逆になる。しかし経験の示すところでは、獲得された利益は、可変部分と不変部分の比率とは独立していて、前貸しされた総資本の一定割合となっている。利潤の大きさは別の要因によって規定される。——これが、〔利潤率の〕「平均的均等化」とマルクスが曖昧に呼んだものである。

　「利潤率」は主として二つの要素によって決められる。剰余価値率と資本の価値構成がそれである。さらに、回転期間、原材料等の価格の変動がこれに影響を与える。利潤率は剰余価値率を反映するものだが、前者は常に後者よりも低くなって現れる。しかも、利潤率が低下する中で剰余価値率が上昇する傾向さえある。

　もし資本が賃金（可変資本部分）だけに充当されるならば、利潤率と剰余価値率は等しくなるであろう。商品がその価値どおりに売られるならば、——価値と価格が一致するならば——生産領域が違えば利潤率は異なるはずである。そうなれば、資本家的生産の全体系は破壊されてしまうであろう。実際には常に競争が利潤を均等化するように働き、商品の価値を生産価格

176　第Ⅱ部　学説

——自然価格あるいは必要価格と呼ばれることもある——に転化させることによって、一般利潤率を形成する。一般利潤率は、さまざまな生産領域のさまざまな利潤率を均一化することに加えて、そうしたさまざまな生産領域に社会的総資本を分割することとあいまって、決定される。資本にとっては、生産された価値の一部は「費用価格」からなっている。多様な生産領域のさまざまな利潤率を平均したものを各領域の費用価格に付加することによって生じる価格、これが生産価格である。剰余価値を内包する商品の価値から利潤率の相違が展開されないのであれば、一般利潤率というものは、無意味で無概念的な規定になってしまう。

さまざまな資本家はそれぞれが株主であると考えることができる。この株主は、全企業に対する、各々の出資額の大きさに応じて、あるいはその株式数に応じて自分達で総利潤を分割する。商品は単なる商品として単純に交換されるわけではない。資本の生産物として交換されるのである。資本は、剰余価値の総量を資本の大きさに比例して分割すること、あるいは資本の大きさが同じならば剰余価値の取り分も同じ大きさのものとすることを必要とする。

生産価格は、資本主義の発展が一定の高さに達することを前提として形成される。商品の価値というものが、あるいは商品価値と商品価格との一致ということが、理論的のみならず、歴史的にも生産価格に先行する。その上、常に価値法則が価格の変動を支配している。価値と価格が全体としては一致するとしても、競争によって生じる市場価値と個別の価値は別のものである。個別の商品の価値が市場価値より低ければ超過利潤が発

生するが、逆の場合には、剰余価値の全部は実現されないことになる。需要が強いか弱いかによって、市場価値は、そしてまた生産価格も、最悪の条件で生産された商品か、最良の条件で生産された商品かのどちらかに合わせられる。

　総労働のうち、社会がある製品の生産に用いたものと、この製品が欲しいとする需要を充足するために社会が必要とする量との間の関連は必然的なものではなく、ただの偶然である。したがって、この製品が余分に生産されれば、社会的労働時間の一部は浪費されることになる。いかなる場合でも、商品交換が安定するためには、商品を価値どおりに交換することが、無理のない——合理的な——法則である。安定状態からの逸脱について明らかにするためには、その安定状態から出発しなければならない。一定の期間をとって、過去の動きを平均して見るならば、あるいはその動きを需給の矛盾の絶え間のない運動として見るならば、供給と需要は一致する。マルクスは言う。

　　通常は、一方では市場価値（と市場価格）が、他方では需要と供給が、お互いを規定しあう。したがって、市場価値（市場価格）を明らかにするためには需要と供給の関係だけでは決して十分とはいえない。単純な交換——商品と商品、あるいは商品と貨幣との交換がそうであろう——にあっては、あらゆる商品所有者（商品所有者であることは第一に生産者であることになる）は少なくとも自分が市場に投じたものと等しい価値を取り戻そうとする。しかし資本家的生産にあっては、資本はさらに、自分と同じ大きさの他のあらゆる資本と同等の剰余価値を得ようとする。したがって平均利潤をもたらす価格、それは市場価格であるが、そ

178　第Ⅱ部　学説

れを目指さなければならない。資本はここで自分の社会的力量を知るはずである。そこでは個々の資本の取り分はすべて、社会的総資本に占める自分の資本の割合に比例することになる。

利潤率の低下

競争による均等化は、1. 生産分野間の資本の可動性、2. 生産分野と労働場所の二つに関しての労働力の移動性、この二つが高いほど、それだけ急速になされる。競争はあらゆるものを転倒して出現させる。しかもそれ以外に、ある種の資本がいわゆる埋め合わせを求め、資本が互いにそれを受容するという、補償の原理というものがある。これによって総剰余価値の取り分は均一化される。

不変資本が可変資本に比べて次第に増えていくこと、あるいは総資本の有機的構成が一段と高度化することは、剰余価値率が同じままであれば、利潤の絶対量が増加する一方で、同時に［総資本の量が増えるために］一般的な利潤率を段階的に低下させるという作用をもたらす。利潤率が低下するなかで、利潤率の低下以上に総資本の量が急速に増えるということは、資本家的生産にとっては極めて重要な法則であるが、これは資本家的生産に見合った法則でもある。

競争は、このことをも資本家の頭には転倒して出現させる。資本家には、資本の量が増大することがあたかも利潤を減少させるかのように見えるのである。というのも、資本が大きくなれば大きくなっただけ、資本が小さかったときに比べれば、利

潤は大きくなるはずだからだ。利潤率が低下したとしても、である。商品の価格が低下するのに、この低廉化した商品の量が増えて利潤量が増加するという事実の中には、利潤率の一般的低下という法則の別の表現が含まれている。

　この法則自体は単に一つの傾向を示すに過ぎない。これと反対の作用をする要因やこれと逆の傾向を持つものがあり、それらはこの法則の働きを妨害し、それを相殺するかもしれない。要因には次のようなものがある。1　労働の搾取の強化、2　労賃の抑制、3　不変資本の諸要素がその量に比べて低廉化すること、4　相対的過剰人口、5　外国貿易（これは、最初は資本家的生産様式の基礎であったが、蓄積が促進されることにより、その産物となり、さらにまた利潤率が上昇するように作用する）、6　株式資本の増加（ここでは利潤は利子［配当金］の中に隠れていて、全般的な利潤率の均等化には関与しないからである）。

　かくして資本家的生産様式は、生産力が発展するなかで、資本が生産するものとしての富とは何の関係もない一つの制限にぶつかる。剰余価値の創出という制限である。資本が十分ならば、直接的生産過程、すなわち剰余価値の創出を制限するのは、労働の搾取度が所与のときは労働人口だけであり、労働人口が所与のときは、労働の搾取度だけである。

　資本家的生産過程にはだが、販売、剰余価値の実現という第二の局面がある。ここでは、さまざまな生産分野の不均衡性が剰余価値の実現を妨害するように作用する。分配を巡る対立関係によって制限される消費力もまだそうである。それゆえ、市場の拡大が必要とされる。しかし市場との結びつきや市場の条

180　第Ⅱ部　学説

件などは、いつもコントロール不可能である。生産力の発展は
たえず市場の狭隘さとの矛盾を深める。蓄積と不変資本の過大
化が決定的な形で影響を現す。年々の生産物のうち、より大き
な部分が今や消耗された資本の補填として奪われてしまう。資
本が大きくなるということが資本の集中を生み出す。すなわち、
小資本家は資本家的生産から遠ざけられる。

　同じ原因［資本の集中］が利潤率の低下やその緩慢化にも作
用する。一方で、資本の周期的な価値の下落と、他方で資本価
値を新たに蓄積する新資本の形成が利潤率の低下を阻む。この
二つのことが、資本の流通過程と再生産過程の諸関係に攪乱的
に作用する。このことから、現存する諸矛盾を一時的、暴力的
に解決するものとしての恐慌が発現する。ここに、生産の拡大
と価値増殖との一般的矛盾が顕わになる。

　資本家的生産の本当の制限は資本それ自身である。資本の価
値増殖は資本家にとっては唯一の譲ることの出来ない目的であ
るが、社会的生産力の無制限の発展は現存する資本の価値増殖
と絶えず衝突することになる。利潤率が低下することで、生産
で利益を上げられるのは大資本だけということになり、これに
よって零細な資本は消滅への道をたどらざるを得なくなる。

　資本の過剰蓄積はある高さに達すると、資本の遊休や、さら
には資本の破壊をもたらす。それは場合によっては、使用を停
止することによる生産手段の破壊であったり、あるいは他の資
本価値の破壊であったりする。生産の停止は労賃の引き下げを
生む。これによって状況は再び改善される。循環が新たに進行
する。

　資本、商品、労働者人口の、いずれの過剰生産も同じ状況を

Ⅱ．平均利潤の謎　*181*

引き起こす。これらの過剰生産は全て相対的なものにすぎない
が、資本家的生産様式は本来こうした過剰生産を引き起こすも
のなのである。生産力の絶対的発展は常に資本の特殊な生産条
件との衝突に陥る。とりわけ、新たに資本が投じられる分野が
もはや十分な利益をあげられないということにおいて、このこ
とが顕わになる。生産の燃えさかる炎はそれが最も大きくなっ
たときに消え去るであろう。利潤率が資本家的生産の動力なの
だから。

Ⅲ． 資本主義的生産様式とその発展

　マルクスは「経済学批判」を自分の生涯の課題としたが、こ
こまで見てきたマルクスの学説には、彼の「経済学批判」の基
本的特質が含まれている。剰余価値の分割、すなわち利潤、利子、
商業利得、企業者利得、地代、といったさまざまな相互に独立
した形態への剰余価値の分割が［『資本論』］第3巻の対象であ
る。一般利潤率を詳細に論じることは、厳密にいえば第3巻の
対象ではない。なぜなら利潤は、それが総資本に関して計算さ
れる限りにおいて、ここでは剰余価値それ自体として理解され
ているからである。その他の展開、とりわけ商業利潤と利子の
展開については、われわれはこのあとの関連のなかで簡潔に検
討するであろうが、これはマルクスの学説の決定的な特徴とな
るものではない。

　マルクスが自分の学説を経済学批判としようとしたことは何
を意味するのであろうか。以下の諸点に［経済学］批判として
の性格が明確に現れている。

　1　古典派経済学の主張者は、資本と労働の区別を（また同
様に、この両者と土地所有との区別も）永続的かつ必然的のも
のと見なすか、あるいは、アダム・スミスがそうであったように、

文化そのものとともに与えられるものと見なした。したがって、資本と労働が分解する方向に向かって進むことはすべて、文化の進歩であるとされた。

これに対する批判が資本家的生産様式という概念を生み出す。資本家的生産様式を把握し、典型的な形でこれを描写したことは、間違いなくマルクスの大きな功績である。マルクスは、資本家的生産様式を特定の歴史的な原因から生じた結果として、［資本主義に］先行する生産様式との対立と抗争の中から現れたものとして描く。彼は資本主義に先行する生産様式を封建的生産様式と呼ぶのを常としていた。ただしマルクスの言うところに従えば、資本主義に先行する生産様式は純粋に経済的に（政治的に、ではなく）考察されるものであり、独立自営農民層と職人層とによって特徴づけられる。

ここではある発展が、とりわけこの資本主義に先行する時代においては決して完結することのなかった発展が問題になるということを、マルクスは最初は全く見ていなかったし、またこの発展をそれに十分見合った方法でもって描くこともなかった。しかしマルクスはそのことを理解するための決定的な視点を与えた。

2　このように資本家的生産様式を相対化すること、それを歴史的に形成されたものとして理解すること（資本家的生産様式はその最高の形態であると、マルクスは見ていた）、このことから出てくる結論は、だが資本家的生産様式の没落の予測である。マルクスはこの没落がどのようにして法則的に起きるかを見極めようとした。この法則は、「生産様式」が、それ故に、

184　第Ⅱ部　学説

文明のすべての時代が、みずからのうちから固有の矛盾を展開し、そしてその矛盾によって揚棄されるという一般的法則の、一つの具体例である。この揚棄はだが、ヘーゲル的な意味での否定として理解されるべきである。この［ヘーゲル的］否定は同時に、既存の古いものの中にある本質的な要素が、新しく生成されるものの中に受け継がれ保持されることを意味する。

決定的な矛盾は社会的生産力と資本家的［所有］形態、すなわち、生産手段の私的所有との間にある。この矛盾によって生産力は推進され高められるが、同時にまたその発展を妨害される。資本家的生産様式は生産力が発展する中で一つの限界に出会う。それは一定の段階で、使用価値を持った富を増大するという自分自身の課題との衝突に陥る。

資本家的生産様式は歴史的に見れば物質的な生産力を発展させる手段である。マルクスは資本家的生産様式の歴史的使命の中にこの生産様式の正当性をもはっきりと見てとった。しかし資本家的生産様式は、資本家が、資本の価値増殖としての剰余価値の獲得を生産の唯一の目的にすえるという形態においてしか、その使命を果たすことはできない。これは他の社会的成員、とりわけ労働者階級の犠牲の上で行われる。労働者階級は絶えずその数を増やし、そしてその傾向が阻止されない限り、絶えず一層悲惨になっていく。

労働の生産力の発展は利潤率の低下という法則を生み出す。その法則は資本家的生産様式の発展にとっては敵対的なものとして立ち現れる。何故なら、ある地点まではまさにこの法則が資本家的形態の高度化をもたらすのであるが、ある地点で資本家的生産様式は、労働の社会化と人間の意識的制御というこの

Ⅲ. 資本主義的生産様式とその発展　*185*

生産様式固有のものとまったく相容れなくなるからである。

　より高度な生産様式である協同組合的生産様式の物質的な条件が与えられる。これがいかに生まれ、どのように展開されるかについては、[『資本論』には]断片的なコメントが書かれているだけである。ただそのための大きな前提だけはマルクスにははっきりしていた。それは、労働者階級が政治的権力を握らなければならないということであり、またそうなるであろうとされた。マルクスは折にふれてこの政治的権力のことを語っているし、「資本家的生産様式から社会主義的生産様式への移行の段階は『プロレタリアート独裁』によって条件づけられるであろう」ということを幾度も語っている。

　マルクスは、「プロレタリアート独裁」を、民主主義をベースに、そしてブルジョア的国家形態の最後にして最高の形態としての民主主義共和国の自然の帰結として思い描いていた。このことは、彼のその他の「弁証法的」前提からだけでなく、この問題に関する彼の主張の仕方からも言える。「野蛮な形態かヒューマンな形態か」という問題は、そもそも労働者階級の発展度合いと政治形態に左右されるものであって、厳密な理論にとっては本質的な重要性を持つものではない。「プロレタリアート独裁」という表現は、分厚い『資本論』全3巻のどこにも出てこない。

　3　資本家的生産様式を、歴史的に規定された、そしてその生成と消滅とを視野に入れて把握されるべき現象だとする見方と、この現象をどう評価するかということとは密接に関連する。古典派経済学は、目の前での資本家的生産様式の展開に、原始

186　第Ⅱ部　学説

的状態に対する発達した文化の完全な優越性を見たが、それは彼らがこの生産様式の基本的形態を自然にして必然的なものだと理解したためである。

　古典派経済学者がいうのは以下のようなことだ。国民経済や世界経済における分業のすぐれた合目的性。自由労働、自由競争や経済諸力の自由な動きといった大きな長所。大胆な企業活動。投機。需要を見越し、遠隔の市場に生産者に代わって、そして同時に生産者自身の利益になるように生産物を販売することを企てる仲介的商業の恩恵。労働者に賃金を前貸しし、彼に組織、機械装置そして新しい発明を利用させてくれる資本家の恩恵（一方で、労働者もまた同様にその仕事によって、資本家がその任務を遂行するのを助けるのだが）。こういうことに依拠する大経営の利点。資本と労働とによって生み出される経済生活のあらゆる革新――全体的に経済学者はこういうことに、粗野な時代と民衆が形作る暗い背景と比べて、光だけを見出す。哲学者が、偏見の蒙昧無知と比べて、学問的な認識と啓蒙に光だけを見るのと同じである。

　経済学の領域においては、経済学批判は古典派経済学が光としたことすべてを問題とする。哲学の領域において、ロマン派およびロマン派が加わった歴史的研究に対する批判がそうであったように、である。経済学批判は、発展の過程の陰鬱な、いやむしろ暗黒ともいうべき側面を強調する。経済学批判は、ある時は過去の奴隷状態や隷従が新しいやり方での労働の隷属によって取って代わられたことを見出す。またある時は、自己労働に基づく私有制という、労働者がその生産手段と結びついている相対的に幸福で自然な状態が、長い時間をかけた、厳し

く苛酷な過程を通して、資本家的私有制に席を譲り、さらには
それに屈服してしまうことを見る。それとともに、多くの不幸、
困窮、退廃、そして中断することなく増え続けるプロレタリアー
トの憤りも、絶えず大きくなっていくことを見る。

　経済学者は、大衆の無分別によって、そして共産主義的謬説
のために、未来というものが資本主義的社会秩序の混乱を孕ん
でいると考える。このとき経済学者は、懸念と疑念を持って未
来を見ているのである。しかし批判者マルクスだけは、未来に
あっては期待が現実化し完成すると考える。自然の力を制御し
た上での、生産力、協業、社会的生産活動の発展といったもの
がそれであるが、もちろんこれらは資本主義の時代に獲得され
たものの中に含まれていたものである。

　完全に新しい秩序、土地と労働自身によって生産された全て
の生産手段の共同所有に基づくこの未来は、一つの時代区分と
して登場するために生まれることを待ちわびている。そこでは、
自由な社会的存在となった人間が、物質的生産過程を自らの意
識的、計画的な支配の下におくのであり、そのために、どのよ
うな制約であれ、その制約から解放されるということは、すべ
て自由な人間的な発展のためのものとなるとされる。

　だから経済批判者としてのマルクスは、人類は絶えず直線的
な上昇線に沿って前進するのであって、とりわけ近年の科学と
技術がそれを強力に推し進める、と見ていたことになる。この
見方は、古典派経済学者と（同様に、彼らと似た政治的自由主
義者や近代の支配的哲学者とも）同じものである。古典派経済
学者は現代の社会秩序のなかでもこの前進がなされると確信す
るが、彼等は、現代の社会秩序の欠陥と障害を見誤っている。

188　　第Ⅱ部　学説

それを、本質的なものではないとか、人間の罪のために避けがたいものであるとか、あるいは現在の体制が維持され、拡充されることによって、とりわけ国民教育が強化される方向のなかで、徐々に除去ないし改良されるものであるとなどして、描いている。マルクスは、現在の体制を維持することは人間の進歩にとっての障害でしかないと認識していた。この体制を克服することによってのみ、光は現れるのであり、すでに前兆が見えているその崩壊だけが、一つの階級が他の階級を支配することによる階級の分断というすべての社会的悪の根元の廃絶を確実にする。マルクスはそう考えていた。

　こうしてマルクスは現存のブルジョアジーの支配を心の底から憎悪し、その廃絶を望んだ。また彼は、常にその理論に、その背後にあって前提となっている要求それ自体とそれに対する十分な倫理的な根拠とを与えようとした。しかし実際には、彼の理論は、彼が認識した前提から出てくるものを、単に予言し、推論しようとするものに過ぎなかった。

　4　だがこの前提には、現存の秩序は調和的な体系ではないとする見方が不可欠となる。この考えは程度の差はあれ、古典派経済学も明確に認めていたものである。「俗流経済学」の言い分は勿論はっきりしている。俗流経済学は、収入の区分に関しては何の問題も想起しないし、「価値がさまざまな区分によって相互に分割される際の違和感を感じつつも」、それがごく自然であるかのように思っている。なぜなら、地代がその出自たる土地に帰属すること、利子がその出自たる資本に帰属すること、そして賃金が労働に帰属することは、自明のことであるか

のように見えるからである。俗流経済学は、古典派経済学に含まれている一つの要素が独立したものである。しかし古典派経済学は、事象の出現形態の多様性とは別に、その内的関連性を把握しようとしたのであり、そのことによって、俗流経済学を追放しようとして闘ったのである。

　古典派経済学の、最後のすぐれた代表者にしてその完成者であるリカードは、階級的利益の対立、つまり、労賃と利潤、利潤と地代の対立が、自分の研究を飛躍させるための足がかりとなることを認識していた。マルクスにとっては、この対立は運動の原理となるものであった。つまり、利潤と地代の対立は封建的生産様式から資本家的生産様式への運動の原理であり、労賃と利潤の対立は資本家的生産様式から社会主義的生産様式への運動の原理である。なぜなら社会主義的生産様式は、それに先行する、「原始共産主義」以来のこれまでの全ての生産様式と同様に、階級闘争によって決定され、条件づけられるからである。階級闘争は内部敵対的なものであり、それゆえ、それに内在する矛盾によって推し進められる。この矛盾は［階級間の］対立に自らを反映させ、自らを超克していくのである。

　ここに大きな問題がある。これは、マルクス特有の歴史的発展の見方と関連したものである。彼は歴史的発展を次のように定式化した。国家形態のような法律関係は、それ自身で把握できるものでもなく、いわゆる人間精神の一般的発展ということから把握できるものでもない。それはむしろ、物質的な生活環境、ブルジョア社会に由来するものであり、そしてブルジョア社会の解剖は政治経済学において究明されるべきだとする（これが唯物史観あるいは史的唯物論である）。

190　第Ⅱ部　学説

5　この意味において、政治経済学自身が資本家階級のために闘い、そのイデオロギーを表現するのと同じように、政治経済学批判はプロレタリアートのために闘うのである。イデオロギーは階級闘争の精神的武器である。だが政治経済学とその批判との間には重大な違いがある。学問にとっては、偏見を持っていないことがその本来の特徴である。政治経済学者は長い間、偏見のない善良な思い込みで、資本主義的秩序を社会的生産の絶対的にして最後の形態として認識していた。ただそれは階級闘争が潜在的ないしは未熟なもの、あるいはただ散発的な現象のなかで現れるものにとどまっていた限りのことである。階級闘争がこのような状態にあるということが、イギリスの古典派政治経済学にとっての生存条件であった。階級闘争が進展するとともに、より高いより正確な学問的意識を持った人間は、政治経済学を批判する側に移っていく。加えて次に、彼は必然的に資本主義的社会秩序とその物質的、経済的根拠の批判者となる。

　ドイツ社会に特有の発展は以下のことを明らかにすることになる。──ドイツの地では、「ブルジョア」経済の独自の形成は、どんなものであれ全て排除されたままであるが、ブルジョア経済に対する批判が排除されているわけではない。批判というものがそもそも一つの階級を「擁護する」ものである限りは、経済学批判は、資本家的生産様式の変革と階級の最終的な廃絶をその歴史的使命とするプロレタリアートを擁護しなければならない。

6　だが学問としては、経済学批判はそのライバルである古典派経済学と直接につながっていて、古典派経済学の固有の方法と原理を引き継いでいる。古典派経済学の最後の成果はリカードによって引き出された。シスモンディは古典派経済学それ自体に対する疑問を投げかけ、批判の口火を切った。そしてマルクスはこの批判をさらに高度なものにしようとしたのである。マルクスの剰余価値学説の本当の意義はこのことにある。そのためにマルクスは膨大な精力を費やして剰余価値を巡る諸理論を研究し、その展開を全て解き明かすことに没頭した。また自分の体系的な著作においても、幾度となくこの問題に立ち返っている。

マルクスは古典派経済学の根本的な特徴を次の二つのことに見ていた。まず、資本の本来の収入は利潤《Profit》であって利子ではなく、したがって利子は単に利潤がもたらしたもの、利潤の分泌物にすぎないと認識したこと。そしてリカードが行ったことだが、地代をもはや自立的形態をもったもの、土地に由来する利潤として扱うのではなく、肥沃な土地や有利な立地の土地を持っていることで恵まれている農業生産者に対して農産物市場がもたらす超過利潤から地代を導き出したこと。

古典派経済学はさらに、リカードおよびリカード学派にいたって最終的に、商品の価値をその本質的・本源的な費用価格としての労働に求めた。ここにはすでに、利潤はその本質からして、労賃以外の全ての価値を表すものであること、それゆえ価値の労賃と利潤への分割は資本家的生産様式の基本的事実であるということが、明言されてはいないまでも、含意されている。

192　第Ⅱ部　学説

だが、古典派経済学の方法は分析的なものである。数種類の収入という所与の形態を前提として出発し、それらを単一のものに還元しようとする。分析は研究手法としては不可欠な基礎となるべきものである。ただ、より高度の学術的な描写は発生史的なものとなる。さまざまな局面をその現実の生成過程のなかで把握しようとするためである。だからマルクスは、抽象的な原基形態としての「剰余価値」という概念を包括的に捉え、労賃の他になお残っているものが全て収入の形をとって分岐していく理由を示す。これを描くことが『資本論』全3巻の対象である。『資本論』はその標題を「剰余価値」と名づけることもできよう。国民経済学は演繹的に組み立てられていたが、『資本論』はその核心において、これを強固に理論化する作業である。［『資本論』でとられた］発生史的手法は、抽象的な生成と諸概念の関連とを対象とする観察であると理解すべきである。

　7　これが弁証法である。この方法を用いることによって、マルクスは、通常の理論的思考方法、あるいはエンゲルスのいう形而上的思考方法から、自らを厳格に切り離そうとした。マルクスとエンゲルスはヘーゲルの方法を借りているが、彼らはヘーゲルの観念的な思考過程を追随しようとしていたわけではなく、厳密にそして現実に即して把握された事実の理解のために、ただヘーゲルの方法を利用しただけである。マルクスとエンゲルスは、事実を、生成するもの、そして生成されるものとして、それゆえ運動の流れのなかで把握する。すなわち、いつも、完成した形態はそれ自身のうちに自己否定の原理を持っており、発展を通じて自らの消滅を準備する、という意識でもっ

Ⅲ．資本主義的生産様式とその発展　*193*

て、事実を把握するのである。マルクスはこうした考えをヘーゲルの方法の合理的な核心と呼び、神秘的なベールのなかでこれを発見することが必要だとした。

これまでの政治経済学者は、現存する生産と交換の形態を自然の秩序として賦与されたものと信じ、その中に法則性を見出して叙述しようとしてきたが、マルクスはそれだけでなく、とりわけ、この形態の変化の法則、一つの形態から他の形態への移行、そしてそれぞれの歴史的時代を特徴付ける固有の法則性、こうしたものを見出し、描こうとした。この法則性は、運動の流れのなかでこそ把握されるべきものであって、自然科学が考える（今日では、我々は「考えていた」と過去形で言っていいであろう）自然法則のような堅固な不変性と絶対性のもとで把握されるものではない。それゆえマルクスが、経済・社会的構成体の発展を自然史的過程として把握するときは、社会自体が、変化する能力を持ち、そして常に変化のなかにいる組織体として把握されるのである。

弁証法は自然科学にも通用され、それを解明するはずだという考えにおいても、同じことがいえる。自然においてはたしかに固定的な対立と差異が存在するが、それは単に相対的妥当性しか持っていない。それどころか、この固定性や絶対的妥当性は我々［マルクスとエンゲルス］の省察によって最初に自然に対して持ち込まれたものである、とする。エンゲルスによればこうした認識が自然弁証法の核心をなす。

商品に具現化された労働は二重の性格を持っている。すなわち、労働は具体的な使用価値と抽象的な価値を同時に創り出す。マルクスはそう考えた。経済学に対するマルクスの批判的把

194　第Ⅱ部　学説

握のあらゆる秘密がこの考えのなかに置かれているとするなら
ば、これもまた弁証法的な理解であると結論付けることができ
よう。つまり、資本家的生産様式の展開過程では本質的に交換
価値を形成する労働が本来は使用価値を形成する労働から成っ
ている、とする弁証法的理解である。

　労賃が、「最初は」その背後に隠されている諸関係の非合理
的な発現形態として現わされる必要があるとしても、やはり同
じことである。労働が売られたり、買われたりすること、労働
は価値形成の根本原理であり、価値の内在的尺度であるとする
こと、こういうことは見かけだけのことに過ぎない。労働はそ
れ自身で価値を持っているものではないし、商品でもない。労
働は労働力が働きかけるものであり、それゆえ労働力の使用価
値を表すものである。資本家が獲得するのはこの労働力であっ
て、彼はそれによって労働力の使用価値の支配者となる。この
使用価値は労賃でもってその対価が支払われるように見える
が、実際には、この使用価値は生きた労働としてその対価を支
払われるのでは決してない。労働が価値のあるものに具現化さ
れる限りにおいて支払われるだけであり、この価値を有するも
のも、それが労働力の維持と再生産のために必要なものである
限りにおいて対価が支払われるに過ぎない。

　労働は、対価を支払われると同時に対価の支払いを受けない。
つまり、労働力の価値を再生産するということに関しては対価
を支払われるが、労働力の価値の再生産を超えた価値を生み出
すということについては対価の支払いを受けない。このことの
なかに、弁証法の正しさが確認される。労働自身の対価が労賃
のなかに含まれているかのように見えるこの発現形態を、「労

Ⅲ．資本主義的生産様式とその発展　**195**

働者も資本家も、すべての法概念の拠り所とする。そして資本家的生産様式のあらゆる神秘化も、この生産様式では人々は自由だという幻想も、また俗流経済学のあらゆる弁解じみた言い逃れも、これを拠り所とする」。

けれども、「本当の関係を見えなくし、まさにその正反対のものに見せてしまう」のも、この発現形態なのである。こうした考えが、以下のことによって補充されなければならないのは明らかであろう。それは、この関係における矛盾は同時に、資本家的生産様式の発展とそれゆえにその変容とがそれに拠っている跳躍点の一つだということである。

8　批判を行う者はいつも次のことを自覚しているものである。自分が理論の発展の流れのなかでどのような位置にあるのかを、そして理論がその対象の発展によって規定されるということを。理論の進展は同時に、これまで有効であった学説に対する反論を生み出す決定的な動因である。この反論は、多かれ少なかれ、経済学的、空想的、批判的、あるいは革命的といった形をまとって現れる。最初は、主に空想的社会主義として現れた。同時に、資本主義的政治経済学自身が社会的発展を反映するものとなった。科学的思考およびそれ自身が生み出す批判的学説は、資本家的生産に内包される社会的対立及び階級闘争の展開と歩調を合わせて発展する。それゆえ、空想的社会主義は、資本家的生産様式がまだ発達していなかった一つの時代のプロレタリアートの意識を表現したものである。ゾンバルトは、空想的社会主義は今から見れば前期資本主義から高度資本主義への移行期のものであった、と言ったが、我々もまたそう言え

196　第Ⅱ部　学説

よう。

空想的社会主義は批判的・科学的社会主義の前段階のものである。同様に俗流経済学は古典派政治経済学のいわば後の段階のもので、古典派政治経済学が「その分析によって、それに固有の前提を解体してしまった」あとで没落したことを特徴づけるものである。エンゲルスの言葉によれば、空想的社会主義者は新しい社会の諸要素を頭のなかから作り出そうとする。また、そうならざるを得ない。なぜなら、それらの諸要素はまだ社会では誰にでも見えるような形では現れてはいないからである。

空想的社会主義者がいう新しい社会の建設の根本的特徴として、彼らが将来に向かってアピールすることしかできなかったということがある。それは、彼らは同時代の歴史に対して訴えかけることがまだできなかったからである。しかし現代史は今日では——エンゲルスの言葉を続けるならば——資本家的生産様式の矛盾が極めて顕著な対立にまで発展し、「差し迫った崩壊が、いわば手で捕まえられるほどになっている」ことを示している。

マルクスは次のように言う。

　生産力の現段階の発展度合いに対応した新しい生産様式だけが、この強力な新しい生産力を維持し、さらに発展させることができる。現存の生産様式から生まれた二つの階級間の闘争はすべての文明国を襲い、日々激しくなっていく。階級闘争の歴史的関連、この闘争によって不可避のものとなる社会的変化の諸条件、そして同様にそれによって不可避となる変化の基本的特質、こうしたものについての認識は既に得られている。

Ⅲ．資本主義的生産様式とその発展　197

それゆえ、マルクスが自分自身の使命とその学説の使命を、新旧両世界のプロレタリアートのぼんやりとした渇望を一つの意識的な思想あるいはプロレタリアートの任務の明瞭な認識に高めることあるに見出したとしても、プロレタリアートが自分の学説を受け容れ、承認することだけが、理念上の階級闘争の結果を決定的に左右するとは、マルクスは想像もしていなかった。近代社会の経済的運動法則を暴露することを、マルクスは自分の仕事の最終目標として挙げた。彼は自分の考えが普及していくことによって、プロレタリアートが、その不可避の闘争や彼らの社会的使命の実現にあたって、強大な力を持つことを期待した。「たしかに、ある社会が自分の運動の自然法則に気が付いたとしても、当然のことながら、社会は発展段階を飛び越えることも回避することもできない」。しかしそのことに気がつけば、おそらく社会は、産みの苦しみを小さくし、それを和らげることができる。

9　これらの文章は『資本論』の初版（1867 年）の前書きに現れる。文脈からすれば、それが言わんとするのは以下のことである。労働者の運動やプロレタリア的自覚は、直接に、それゆえそれ自身で社会の変革を目指すだけではない。間接的に、それらが社会やそれを介して国家に及ぼす影響をも通じて、社会の変革を目指すのである。たとえ国家が労働者の敵として彼らに立ち向かうとしても、である。

当時マルクスは人生の盛期にあったが、彼はその頃に書かれた他の宣言的文章でもこれと同じことを主張している。国際労働者協会の就任演説は 1864 年 9 月に作成された。この演説で

198　第Ⅱ部　学説

は、大衆の貧窮が、機械制の発展でも、化学上の発見でも、科学の生産への適用でも、通信手段の改良でも、新しい植民地でも、移住でも、自由貿易でも、これらのことが全部一緒になってもなお克服することができないものとして、目を射るようにあざやかさで描かれている。そしてまた、産業恐慌、商業恐慌と呼ばれる社会的な悪疫が以前より更に激化しながら繰り返し起きること、その規模がますます拡大すること、そして致死的な作用をもたらすこと、が語られている。だが、ヨーロッパの労働者階級に向けられたこの新しい宣言において、マルクスは1848年革命の失敗以来の展開の「光の側面」についても、極めて明確に次のように語っている。

　　この光の側面はその重要性が与えられてしかるべきものであり、それゆえにここで繰り返すのだが、これは二つの大きな事件によって特徴づけられる。第1は、10時間労働法案である（イギリスの10時間労働法を参照のこと）。労働時間の法的規制を巡る闘いにおいては大きな争点に遭遇した。争点は、需要と供給の盲目的支配及び社会的な観察と注視による生産の管理を巡るものであった。前者はブルジョア経済学が必要としたものであり、後者は労働者階級の経済学が求めたものである。もう一つの大きな出来事は、労働者階級の経済学が勝ち取った更に大きな勝利である。協同組合運動、すなわち協同組合工場、そして少数の鋭敏な「管理者」の働きかけ、のことである。この偉大な社会的実験の価値は評価しすぎるということはありえない。それは議論に代えて、行動によって、次のことを示した。生産は、高度な段階においては、近代科学の進歩と歩調を合

Ⅲ．資本主義的生産様式とその発展　*199*

わせて、階級としての作業員を用いる階級としての経営者というものの存在なしで進んで行くこと。成果を得るために、労働者自身を支配する手段として、また彼らを搾取する手段として、生産手段が独占される必要はないということ。さらに、奴隷労働や隷農労働と同様に、賃金労働もまた単なる過渡的、副次的社会形態に過ぎず、結合された労働の前に消え去る定めにあり、そこでは労働者は、自分の意思で手を動かし、精神を輝かせ、心を弾ませて仕事をするということ。

労働者のこの試みには何点かの弱点が付随するが避けられないが、このとについて詳論したあと、マルクスは次のように言う。

労働する多くの人間を解放するためには、その実現に関する国家的レベルでの協力体制と、国家的手段を用いたその促進が必要だ。そして、これは、労働者階級が政治権力を獲得することによってしか、達成することはできない。

現時点でこのことを考えるにあたって重要なのは、既にこの当時、新しい革命的な諸要素がブルジョア社会において現実のものとなり、それがブルジョア社会の発展の光の側面を現していたということを認識することだけである。そうすれば、マルクスの主張はほかの多くの面でも強い有効性をもつ。マルクスは『資本論』の前書きでこういっている。

それゆえ、『資本論』ではイギリスの工場法の歴史、内容及び結果について特に頁を割いて詳述したが、それは一つの国の事件から他の国は学ぶことができるし、またそうすべきだからであり、そしてイギリスの事件から、より高尚

な動機は別として、今日の支配階級の固有の利益が、法律で管理可能なすべての障害物を撤去するよう、支配階級に命じ、そのことが労働者階級の発展を妨げる、と推論できるからである。変化の過程はイギリスにおいて把握できるが、この変化は一定の高さにまで達したとき、ヨーロッパ大陸に跳ね返っていくに違いないのである。

　注目すべきなのは、エンゲルスには同じ趣旨の発言が見られないか、あったとしても、意欲の感じられない言い回しでしかないということである。エンゲルスにあっては、協同組合制度について語るに近いことがあったとしても、大規模な生産・交通施設の株式会社あるいは国有化への転換、近代的生産力の利用にとってのブルジョアジーの不要性といったことを指摘しているにすぎない。エンゲルスが協同組合社会に言及しているのはオーウェンの人生について述べたときだけである。エンゲルスは、オーウェンによって「少なくとも」商人も工場主も全く不要な人間であるという実際の証拠が提供されたとしている。工場法については、エンゲルスはなにも語っていない。しかしながら我々はここで、エンゲルスとマルクスの思考方法の違いに立ち入る必要はない。

　マルクスは工場法については次のように言っている。

　　労働者保護立法は、資本家的生産様式の諸傾向に対する「社会」の最初の意識的な反応を意味する。この生産様式に最も特有の産物である大工場部門が、工場労働者の肉体的、精神的再生産と一緒に驚異的な発展を遂げたことは、どんな愚鈍な眼をも驚かす。労働日を法的に規制した結果、資本の抵抗力は徐々に弱められることになったが、一方で同

Ⅲ．資本主義的生産様式とその発展　*201*

時に、直接的な利害関係を持たない社会的階層の同盟者を増やしながら、労働者階級の攻撃力は強大になった。それゆえ、1860年以来、比較的急速な発展が始まったのである（『資本論』第1巻第4篇261頁）。

［マルクスの］この発言は、労働者の側に立った国民経済学の勝利への賞賛によって飾られており、労働者階級についてのマルクスの発言とは明らかに矛盾している。マルクスは、悲惨、抑圧、従属、堕落、そして搾取にさらされる大衆の増大と、絶えず増大し続け、資本家的生産様式自体の機構によって訓練され、統合され、組織される労働者階級の反乱とを、雄弁かつ誇張気味に力説しているのである（同上、728頁）。この主張から、マルクス特有の「窮乏化理論」が導かれる。

マルクスは、標準労働日の創出を、資本家階級と労働者階級の間の、長期のそして多かれ少なかれ隠蔽された「内戦」の産物であると呼んでいる（同上、263頁）。この見方と窮乏化論につながる認識とを一致させるには、窮乏化論は、おそらくは［『資本論』を書くよりも］もっと早い時期での印象によって、別の気分から生じたと考えるしかない。

この「内戦」を戦いと理解するのが正しいとするならば、イギリスでは、そしてまたとりわけドイツでも、その後1914年までこの戦いは絶え間なく展開され、進められたことになる。しかし今考えてみれば、この時期は平和なそして幸運な時代であった。この時期には、ドイツでは三つの短いそして比較的重要度の低い戦争が起きた。それはドイツが国民国家として形成されるために必要な戦争であった。しかしその戦争によって平和と幸運の時代が妨害されることほとんどなかった。イギリス

についても同じように考えることができる。イギリスの国民経済とその帝国にとっては、ドイツの通商網と艦隊の破壊がいかに有益であったかもしれないとしても、英独両国において社会主義に向かって穏やかに前進が続けられていたことは、イギリスにとっても利益のあるものだったといえよう。

　マルクスは、これまで何度か触れた『資本論』の「前書き」において、変革の過程はヨーロッパ大陸においては、労働者階級自体の発展度合いに応じて、より凄惨な形で展開されることもあれば、より人道的な形で展開されることもあろうと予言していた。実際、我々の時代にあっては、ロシアだけでなくその周辺国においてもこの過程は疑いなくひどく残虐で醜悪なものになっている。これらの諸国の低位階層の発展を妨げた多くの障害にもこうした事態を引き起こした共同の責任があるとする考えは、十分根拠のあるものと言えよう。たしかに知識を増やすばかりでは激昂的熱狂から決して免れないし、政治を自然な形で理解するための補塡にも決してならない。というよりはむしろ、本来のものの半分あるいはそのまた半分といった生半可な知識は混乱をもたらす。深い認識があってこそ、成熟した政治的理解も得られるのである。それが健全な精神にもたらす果実は、抑制と慎重さである。これは、たとえ不安定な時代の狂乱的な運動によって崩壊し、後景に追いやられるとしても、必ずまた蘇るであろう。

　10　ゾンバルトは、深い研究の結果、極めて的確な方法で次のように指摘する。

　　マルクスの学説にあっては様々な大きな流れが交錯してお

り、それらを一つの流れのなかで包括的に理解することはできない。そして、マルクスの昔からの革命主義的な悪習があらゆる瞬間にまた顔をのぞかせ、苦心して勝ち取った社会的・政治的リアリズムの足をすくっている。

今日、マルクスの権威が若い純真な人達によって主張され、論議されている。それは神学者達によって聖書の権威が論議されるのと同じであって、この場合、聖書と同じ様にマルクスの著作にあるのは真実だけだということが自明の前提になっている。こうした信仰が有無を言わさぬ拒絶に遭遇する時よりも、「神の言葉」の意味が問題になるときのほうがもっと深刻になる。問題となるのはいつも、「彼自身がそう言っている」ことの正しい解釈であり、それを巡る論争は、周知のように流血の闘いになることさえある。科学的研究においては、どんなに優れた著述家の場合であっても常に、誤謬、矛盾、薄弱な根拠付けといったものに遭遇するということを決して忘れてはならない。そして、一つの学説に向き合うためには、その学説の強固にして成熟した核心に拠らなければならない。そこでこそ、著述家自身が自らの知的良心を前にして最もよく責任を負うことができるのであり、あるいはできたのである。

マルクスによって基礎を作られた批判的社会主義をこのようにして検討するならば、極めて明確な根拠をもって次のように理解できる。マルクスは、資本家的生産様式が法則性を持って次第に社会主義的ないしは協同組合的生産様式へ変化していくことや改良されていくことを、望ましいものであり、ヒューマニズム的・倫理的な意味において追求するに値するとした（マルクスはいつもこのことを否定したが、自分の叙述からそれを

204　第Ⅱ部　学説

推測されることは容認した）。そして、それにとどまらず、この変化・改良が、完全に実現可能だとまでは言わなかったにせよ、その可能性があるともした。

　たしかにマルクスは、政治的革命を期待し、それを断念したことは決してなかった。この革命は、プロレタリアートに政治上の権力、それも古い秩序から新しい秩序への法則的転換のための独裁的権力を与える政治的革命である。ただ、マルクスが、恐怖政治としての独裁、無自覚な大衆の先頭に立った少数の一団の（エンゲルスのいうところの）暴力的支配としての独裁を思い描き、それを夢見て満足したのは、ある瞬間だけだったように思われる。つまりマルクスが、国外追放やひどい困窮のなかでは逃れることのできない、この上なく暗い憤激や厭世観に襲われた瞬間である。この意味において、マルクスが1871年のパリ・コミューンの蜂起を深刻に受けとめ、そこに「新しい秩序［を確立するため］の主体的かつ客観的なただ一つの条件が、まだほとんど実現されていない国」（ゾンバルト）での自分の夢の最初の実現を見て取ったということは、たしかに人間マルクスと思想家マルクスについての心理学、それも異常心理学とでもいうべきものに属する。しかしこれは、彼のライフワークである『資本論』を、事実に即し、論理的に理解することとは別のことだ。

Ⅲ．資本主義的生産様式とその発展　205

IV. 唯物史観

ヘーゲルを清算するためのものとしての唯物史観

　マルクスのライフワークである『資本論』は、言うまでもなく未完成の断片である。経済学批判を完成させるために、全4巻の『資本論』のあとに、地代、労賃、外国貿易、世界市場に関する研究が続くことになっていたことを思い出してみればいい。多くの他の計画が、その一部は哲学的な性格を持っていたが、後述するように、彼の精神的関心を惹いてしまった。

　世界の思想においてマルクスは卓越した存在となり、その地位は不動のものとなったが、不運であったのは、マルクスの歴史理論が詳述されることなく、現実にはラフなスケッチとして書かれたままで残されているということである。マルクスの歴史理論は全く新しいものではないとはいえ、極めて重要なものであった。だが、マルクスが当時このスケッチからきちんとした絵を描く意図を持っていた形跡はほとんどない。マルクスがこのような意味で歴史の研究に没頭していて、その研究は時として自分の見解が証明できるかどうかを調べるものであったと考えるのは、初学者が容易に陥りかねない誤りであろう。

　エンゲルスとの手紙のやりとりはほとんど40年にわたっているが、そのうちの半分は1852年から1871年にかけてのものであって、それは途切れることがなかった。彼らの手紙は4巻

206　第Ⅱ部　学説

本にまとめられている。マルクスはその中で絶えず自分の研究や調査について報告しているにもかかわらず、唯物史観についてはなんら言及していない。

実際マルクスにとっては、唯物史観は若い時代に好んで自明のことと呼んでいたもの以外の何者でもなかった。つまり、フォイエルバッハによって新しい道に導かれるまで、哲学的・イデオロギー的・ヘーゲル的意識が長くマルクスの考えを支配していたが、唯物史観はそれを清算するものだった。

重要な学説というものはその背景を考えないと誤解してしまうものだが、それが容易ではない場合がしばしばある。というのは、その学説の提唱者が先行者や師匠らによって自分がとらわれてしまっていることに気づくための力というものは、これを量ることが困難だからだ。しかし、その軛［くびき］を脱するのに要したエネルギーを正しく評価するためには、このことがどうしても必要になる。

我々にとってクリスチャン・ヴォルフ［ライプニッツからカントへの橋渡し的存在とされるドイツの哲学者。1679-1754］とその学派はいったい何か。確かにカントにとっては、純粋理性批判は、本質的にそして主として、ヴォルフ派との訣別であった。［では］我々にとってヘーゲルとは、ヘーゲル左派とは何か。マルクスにとっては、唯物史観は、ヘーゲルとヘーゲル法哲学の拒絶であった。その「批判的修正」は、マルクスが自分の中で膨らんだ疑問を解決するために取り組んだ最初の仕事であった。「独仏年誌」におけるヘーゲル批判を注意深く読めば、誰にでもこのことは明瞭に見て取れるであろう。そこでは情熱と対句法による眩いばかりの発言でもって、革命の物質的根拠

が社会の解体の結果としてプロレタリアートの形成に求められる。そしてプロレタリアートの要求の実現として、理論が現実のものとなることと、無垢の民衆にこの思想の閃光を浴びせること、が要求されている。これに比べれば、1859年の『経済学批判』の序文のトーンは、起伏がないわけではないが、客観的であり、諦観的といってよく、科学的に厳密なものである。思想、理念の持つ魔法のような力に拠るということはそこではほとんど完全に放棄されている。この思想や理念によせる信頼というものは、ヘーゲル学派、そして古典的・思弁的・主知的なドイツ哲学そのものの遺伝的資質であった。

これ［思想や理念によせる信頼］に背を向けることは、18世紀に支配的であった思考方法へ復帰することを意味する。カントもまたそのすべての主要作において、その内容に関しては、この思考方法にずっと忠実であった。その基本的特質は、自然科学的だということにある。それは、神話の如き素朴な、あるいは神学的な世界観を拒否する。

ロマン派と神学的な王政復古もまた思弁的哲学に乗り移ったが、この短い挿話の後で19世紀は18世紀の思考方法を再び受け容れた。そして、生成と組織的発展という考えはロマン派と王政復古の挿話のなかでその特徴として形成されたものであるが、この考えを巡って豊かな成果が得られた。

19世紀は「歴史的に」考える。自然科学においてもそうである。しかし、この歴史的思考方法は、もはや叙事詩的な歴史の方法でもなければ、英雄や遍歴者を物語る方法でもない。そこでは、もはや人間の中に神に似たものを見ることはない。そしてまた、神の指示と定めにしたがって運命の荒れ野をゆき、

208　第Ⅱ部　学説

あるいは不服従のゆえに楽園の如き故郷を失い、神の恩寵によって救われ、予言者の言葉に従って第4の最後の世界帝国でその終末を急いで迎え、そして千年王国——復活したキリストの導きのもとで、反キリスト者を最終的に打倒し、最後の日、最後の審判の日を介して引き継がれることになっているはずの王国——を待つ者達、こうした者達を見ることもない。

　新しい歴史的にして人類学的な思考様式はむしろ人間のなかに、数万年、いや数百万年の時を経て、全く別の有機的存在となり、自然との絶え間のない闘いのなかで、その知識と力とを作り上げていった自然の造形物を見る。経験と道具とによって、とりわけ土地を耕作することと野生動物を自分達の協力者として飼育することとによって、またお互いを理解し合う手段としての言葉を作り出すことによって、そして宗教によって、人類は徐々に文明を作り上げていく（この場合の宗教は、言葉の力で、現存しないあるいは想像上の霊的な力と交流するものとしての宗教、その助けを借りて自分たちを元気づけ、慰めるものとしての宗教である）。すなわち、精神的なものを獲得し、諸技術、とりわけ、物を作る、土地を耕作する、家を建てるといった技術を修得していく。こうすることによって人類はその数を増やし、広がっていった。

　かくして、人間は粗野で野蛮な状態から向上していって、自らを洗練し、なお欠点は極めて多いとはいえ、さらに前進できる能力を持った今日の状態にまで発展した。人間の完成型は過去にではなく未来にある。人間は最初から争いと闘いに明け暮れた。人間は武器をもう一つの道具のように作り出し、改良していった。今日に至るまで諸民族は、平和な交流と同程度に、

IV. 唯物史観　*209*

多様な敵対関係のなかで生きてきている。相互に傷つけあい、破壊しあい、そして隷属させあってきた。しかし融合と調和を目指した努力が大きなものとなり、その努力は今後間違いなく支配的なものとなる。

　動物が感覚と本能とによって操られるように、「考える」ということが全ての人間の欲求を示し、促し、そして人間を導き、規定するのではないのか。人間的な精神とは、自由な人間の意志と同じことではないのか。ロマン派の哲学は、この問題を提示し、それを肯定することによって解こうとした。科学的哲学はこれを条件付きで肯定するが、それよりも、ある絶対的な溝が動物と人間とを隔てているということをもっと強く否定する。つまり、自由な意志というものを一つの理念として認め、自由な意志は実践的な理性と同じものだとするが、それを自然の必然的な関係の例外とするわけではない。あるいは、現実を追及するならば、決定論だけが真実の苦い果実となる。マルクスは人間的な発展における自然的法則性を認識しようとしているのである。

　ヘーゲルは、たとえ曖昧な言い方であるとはいえ、自分の体系の輪郭を描いていた。そのためマルクスを生んだ学派［ヘーゲル左派］でさえ、ヘーゲルを次のような主張の中で理解したほどである。それは、歴史を支配するのは絶対的かつ完全に自由な精神であり、そのことは特に宗教においていっそう客観的な形で明らかになるのであり、その真理を感情的なものから理性的なものに変えることが哲学の課題である、ということである。

　フォイエルバッハは、絶対精神とは神学から析出された精神

210　第Ⅱ部　学説

であり、ヘーゲル哲学においてなお亡霊としてさまよっていると説いた。絶対精神はしかし、ヘーゲルにとっては国家において現実化するものである。ヘーゲルは国家を神学的にではなく、徹底して理念的に把握する。ヘーゲルにとっては、国家は道徳的観念の現実化したものであり、それが現実化したものとしての法を根拠とするものなのである。人間の知性は、国家が出現するということのなかで観察され、そして賞賛される。人間の本質は知性であって、知性は自らの中から法や国家といったようなものを作り出し、そしてそこからまた新たなものを形成する能力を持っている、とする考えが、人類学的に見た方向性と矛盾することなく、啓蒙主義の合理的な思考様式の中で、維持される。

　この幻想もまた、神学の遺産、宗教的幻想の一つであった。そのことを 1843 年のマルクスの論文は言おうとしている。マルクスはこの論文で、（フォイエルバッハの批判によって）「自己疎外」の神聖な形態が仮面を剥がされた後は、今度は「自己疎外」を世俗的な形態において暴露するとしている。そしてここで、マルクスにとっては、宗教批判は法に対する批判に、神学批判は政治に対する批判に、変化した。

　これらの考えはすべて、まだヘーゲル哲学の形式の中で練り上げられていた。16 年後、それは放棄された。しかし、イデオロギー的な観念、すなわち、人間の精神が、自由に空中を動き回り、諸国民の文化をそれぞれの本質に適合するように調整するものであるとし、したがって、正しい考え方と見方とがどこでも、正しい生活様式を発見し、それをもたらすとする観念、これに対しては、それがヘーゲルに起源を持つものであれ、自

Ⅳ．唯物史観　**211**

由主義的な啓蒙思想に起源を持つものであれ、批判するという基本的な考えは変わることはなかった。

こうした考え［上記のイデオロギー的観念］に対抗してマルクスは現実的な見解を打ち出したが、これは、その核心となったものから見て、他の二つの重要な理論と通じるものがあった。この二つの理論は 19 世紀の後半に広範な領域で支配的となりながら、外的な暴力だけでそこから排除されてしまったものである。第 1 の理論は、ショーペンハウエルの意志の学説における人間精神の「主意主義的」見方である[4]。この学説は、形而上学的な枠組みから切り出された、心理学的な正しさを主張している。ショーペンハウエルとマルクスは——マルクスは『意志と表象としての世界』が出版された年に生まれた——相互に遠い存在であったし、今もなおそのままである。しかし「史的唯物論」はショーペンハウエルの意志の学説を用いたものであると理解することができるし、それには十分な根拠がある。

個人的生活の場合と同様に、社会的生活にとっては自覚した精神ではなく無自覚の精神が決定的な力となる。理性ではなく不明瞭な衝動が、思考ではなく欲望が、人間の生活と人間の発展における「最初の動力」、その本源的な力なのである。「物質的な生活関係」というものがある。その環境のもとで人間が自分の生活そのものを可能にし、狩猟や漁労、野生の果実の採取や土地の耕作などによって生活資料を手に入れ、労働する中で

---

(4) このことについては、マサリクとツガン＝バラノフスキーが筆者にはっきりと指摘した。その意味することについてはだが、すでに拙著『ゲゼルシャフトとゲマインシャフト』の第一版（1887 年）の序文で触れている。

212　第Ⅱ部　学説

生活そのものを生み出していく。そういう環境である。マルクスは言う。「人間はここにおいては、自分たちの意志とは無関係に必要不可欠な関係を取り結ぶ」。この関係をマルクスは生産関係と呼ぶ。「この関係は物質的生産力の一定の発展段階に対応したものとなっている」。

　つまり、人間が、何の規範もない群や集団でもって、洞穴やそうでなければテントなどで暮らし、石を削っているときの、単純な状態での生産関係は、しっかりと組織された部族共同体として人間がまとまり、鉄鉱石を溶解し、武器を鍛造することを人間が学んだときの、そして木や鉄から鋤を作ったときの生産関係とは別のものだということである。人間が石造りの家を建て、櫂か帆で受けとめる風でもって操ることの出来る木造船を建造した後では、生産関係はまた別のものとなる。そして最後に、火薬と羅針盤が登場した後に、紡績機や機械織機、蒸気機関などが発明されたときの生産関係もまた別のものだということである。

　この結果、共同での生活や居住は常により一層緊密なものとなる。労働と職業が分化し、雇用者と被雇用者、村落と都市、のそれぞれが分担し実施する活動が分離していくことが、文明を拡大し多様化していく。雇用者と被雇用者、貴族と普通の自由民、農民と市民、これらは双方で考え方が違う。何故か。彼らはその生活様式、生活習慣、風習を異にするのが常だからだ。そしてそれは、彼らを満足させる欲求や可能性が異なっているからである。マルクスは言う。「人間の意識が人間の存在を規定するのではない。逆である。人間の社会的存在がその人間の意識を規定するのだ」。

IV. 唯物史観　*213*

ショーペンハウエルの言葉に置き換えれば、この文章は次の
ようになろう。自分を意識するということにあっては、自己保
存本能と性欲という盲目的にしてとらえどころのない欲望とし
ての意志に優先性が付与されるのであって、知性はその従僕に
してその手段である、と。思想の父親としての願望、意見の統
率者としての利害関係、独創的な思考を刺激するものとしての
困窮と欲望、これらが文明史において決め手となった、とショー
ペンハウエルは推論したのかもしれない。

　マルクスの考えと近かったもう一つの重要な理論は、進化論
である。進化論はダーウィンよりもラマルクのほうがその本来
の考え方に即していると言えるが、マルクスはラマルクの著作
を全く知らなかったように思われる。マルクスは『資本論』（第
1巻335頁）の脚注で、ダーウィンは自然の技術史、すなわち
植物や動物の生活のための生産手段としての植物器官・動物器
官の形成に関心を向けている、と言う（実は、ラマルクが多く
の優れた方法によってこの研究を行っている）。そしてこう指
摘する。「すべての特定の社会的機構の物質的根拠となる人間
社会の生産機構の形成史はこれと同じ関心を向けられるに値す
るのではないか」。

　こういう補注は他では主としてエンゲルスによって書かれて
いるのだが、『資本論』のこの箇所ではマルクスは自分で、『経
済学批判』（1859年）の前文で述べた変革とその根拠を補注し
ようとしている。この補注によれば、生産機構は、動物のよう
な有機体の栄養摂取器官になぞらえることができる。生産機構
は所有関係を生み出し、生産関係はこの所有関係に基礎をおく。
これは、動物が感覚器官や運動器官といった器官を持っている

214　第Ⅱ部　学説

のと同じことである。これらの器官は、栄養摂取器官の発展形態であり、そのようなものとして栄養摂取に役立つのである。

　しかし、生産機構が、すなわち技術的能力、労働生産力がより高度に発展すれば、発展形態から桎梏が生じる。動物や植物の栄養摂取器官であれば、別の新しい、改良された動物的器官［感覚器官や運動器官］を必要とするのであり、生産機構の場合は別の法律、別の所有関係、別の観念世界を必要とし、後者は徐々に――遅かれ早かれ――前者の変化に従ってゆく。衝突自体を、つまり、生産力と所有関係との間の、栄養摂取器官と動物的器官の間の矛盾を、人間は、法、政治、宗教、芸術、哲学等の、手短かに言えばイデオロギー的諸形態において意識する。実際、人間はイデオロギー的諸形態のなかでこの衝突に決着を付けるのである。

　ここでは、人類に先行する何らかの生物との類推だけではもはや十分とはいえない。イデオロギー的諸形態を生み出すのは人間自身だけなのである。人間の精神的活動は、人間という有機体にあっては、栄養を摂取する生活とは独立している。人間の意識は、人間の存在、思考、欲望、興味によって規定され、人間の表象的活動は、その意志によって規定される。社会的制度や法も同様である。かくして、精神的活動もまた「物質的下部構造」の上に立った「上部構造」なのである。より適切に言えば、それは、生活をするなかで育て上げられた器官なのである。そしてあらゆる果てしのない「上部構造」における、矛盾、争い、変革は、この下部構造において形成され、生み出される矛盾、争い、変革に付き従うのである。技術、経済、産業における革命は、政治の場での革命と精神面での革命を引き起す。

Ⅳ．唯物史観　215

弁証法

しかし、すべての自然科学者やショーペンハウエルのような人物（マルクスとエンゲルスはショーペンハウエルを全く知らなかったように見えるが、知っていたら、彼を無知な形而上学者として軽蔑したに違いない）に対して、マルクスとエンゲルスを、ドイツ哲学の学徒として傑出させることになった決定的な相違は弁証法にあった。弁証法によって生成と変化が把握されることになる。

次の二つの表現には同じものが感じられる。

「生まれてくるであろうものは、すでに存在しているものである。胎児やあるいはむしろ母親の胎内の卵子といったもののように、たとえ否定されることになる形態であれ、あるいは潜伏的な形態であれ」。

「新しいより高度な生産関係の物質的存在条件は古い社会自身の懐の中で孵化されなければならない。先行する社会形態はあらゆる生産力を発展させ、その生産力はこの形態にとっては過大なものとなる。そうやって初めて新しい生産関係が先行する社会形態にとって代わる。人間に課され、人間がそれに立ち向かうことになる課題自体が、その課題の解決のための物質的諸条件がすでに存在するか、あるいは少なくともその生成過程にあるかするところでだけ、発生する」。

我々はここで、資本主義の包皮が突き破られるとか、産みの苦しみが短縮されるとかいった比喩的表現を思い出す。マルクスはこの "Temporis partus maximus" ［最も重要な誕生の時］と

216　第Ⅱ部　学説

いう言葉でもって、巨大な転換点、すなわち人類社会の「前史」の終わりが差し迫っていることを確信し、説いたのである。エンゲルスはこれを、必然性の王国から自由の王国への飛躍と呼んだ。すべての階級とすべての階級闘争の廃絶とがここには含まれるはずである。社会的生産過程が個々人の社会的生活条件から生まれてくる限りにおいて、その最後の敵対的形態がこれによって克服される。

　マルクスは、生産様式の進歩とそれに伴う経済的な社会形成の時代区分とを直線的なものとして捉え、これを世界史の、というよりはその前史の主題とする。マルクスはこの前史において「大まかに」時代を区分するものとして、アジア的、古典古代的、封建的、および近代ブルジョア的（資本主義的）生産様式を挙げる。

　さて、一つの時代区分から他の時代区分への発展と移行は、マルクスの理論が主張するように、本当にこのような形で起きたのであろうか。我々が知る限りにおいて、マルクスがこの問題についての研究を計画したことは全くなかった。彼の眼前には、いつも一つの大きな平行線だけがあった。封建的生産と封建的イデオロギー形式から引かれた、資本家的生産様式とそれに対応した「上部構造」との発展の平行線である。階級闘争と革命、これが前世紀を埋め尽くし、その一部を今もなおわれわれは経験し、観察している。これに対して期待されているのは、予見された、まさに文字通り予見された［資本主義的］経済構成の没落、新しい社会主義的な世界、社会主義の理念に基づく世界の出現であり、これに合致した階級闘争と偉大な革命的変換である。これはかって『共産党宣言』の主題であった。こ

れがマルクスの人生の根本姿勢であり、彼の研究の導きの糸で
あった。

　弁証法はマルクスの歴史研究と歴史哲学思想においてはなお
特別の役割を演じているが、これを用いることが極めて適して
いる『経済学批判』（1859 年）の序文においては、弁証法は効
果的なものとなっていない。先行するテーゼとアンチ・テーゼ
を自らの内に統合するジンテーゼというのは、ヘーゲル哲学に
特徴的な概念である。同時にこれは、再生と更新を意味する。
また、大きく捉えれば、「否定の否定」として理解される。

　この考え方に従えば、「否定の否定」にはいつも三つの局面
がある。第 1 は、近代的発展における局面であって、この分析
が経済学批判の大きな課題となる。資本家的生産は、個人的
な、自己労働に基づく私的所有の否定である。この資本家的生
産は自然過程に見られる必然性をもって自分自身の否定を産み
出す。つまり、否定の否定である。そして再び個人的所有が現
れる。これは、資本主義の時代における成果に基づくものであ
る。すなわち、協働と、土地および労働自身によって生産され
た生産手段の共同体所有がそれである。

　換言すれば、第 2 に、復活すべきなのはすべての近代的発展
の背後にある共同体所有だということである。発展は共同体所
有からスタートし、共同体所有に行きつく。文明はすべて、土
地と作業道具の私的所有、貨幣経済、商業利潤や高利貸し利得
といったものを伴うのであるが、これは資本主義的生産様式の
はるか以前に、「古代の氏族社会における、自由、平等、兄弟愛」
という原初的形態の否定として現れる。

　古代の氏族社会については、ルイス・モルガンが、イロコノ・

218　第Ⅱ部　学　説

インディアンと一緒に暮らした経験に基づいてその姿を描写した。マルクスはこのモルガンの描写から古代社会についての知識を得た。もっともマルクスはこれよりずっと前に、ヨーロッパにおいては至る所で最初はアジア的ないしはインド的所有形態から始まったとするマルクス独自の見解を裏付ける証拠を、G．L．フォン・モーラーの「極めて重要な諸著作」の中に見出していた。モーラーはアジア的所有形態については何も知らなかったにもかかわらず、である。

　ある事象にかかる否定と統合の考察と、別の事象にかかるそれとは、相互にほとんど相容れないものであるということを強調する必要はないであろう。しかし、その二重性と相違にマルクスとエンゲルスは気がつかなかった。そうでなければ、これを一致させようとする試みの痕跡が残されているはずである。

　個々の人間の社会的関係は、「狂った形態」にあっては、労働生産物という仮装をまとったモノとモノの社会的関係の中に現れるが、この「狂った形態」とは、私的所有そのものなのか、それとも資本主義的私的所有に限ってのことなのか。あるいはまた、単純な商品生産のことなのか、それとも資本主義的商品生産だけのことなのか。こうしたことは、明確になっていないし、鮮明にもなっていない。社会化された生産手段によって労働し、労働力を社会的労働力として自覚したうえで、個々人の多様な労働諸力を発揮する自由な人間の連合の中で再生されるはずの、個人と個人の、そして個人とモノの間の自然な関係は、アジア的、古典古代的、封建的社会編成においてすでに否定されていたのか、それとも資本主義的社会編成において初めて、そしてそこにおいてだけ、否定されるのか。このこともまた明

確になっていない。

　この自由な人間の連合にあっては、労働力及び労働生産物と人間の関係は、「生産においても分配においても」再び透明にして単純なものとなり、それが維持される。これに対して、労働力及び労働生産物と人間の関係が、個人の物的な関係として、そしてモノの社会的関係として現れ、それゆえ本来の自然な関係としては現れない関係がある。この関係の中で生産される商品は、神秘的で呪物のような性格を持つ。

　天文学者が採用し、現実にはすべての真の科学的思想家が拠った方法でもって、マルクスは常に、皮相的事実と皮相的運動を退け、真の事実と真の運動を見出し、確定しようと懸命に努力したのである。

Ｖ. 批判

短い（9つの）批判

　真の事実と真の運動を見出し、確認するということにマルクスは果たして成功したのか、またどの程度まで成功したのか。これは経済的・社会的な課題にかかる大きな問いである。すでに無数の文献が著作や論文の中で、これに答えようとしてきた。ここではこのことに関して極めて簡単な考察を行うことしかできないが、それでもやはりそれが必要である。

　1. 価値論及び剰余価値論によれば、商品は他の物と交換することを予定された対象物であり、通常の関係でその交換が行われる場合の交換尺度は、その商品に要した、あるいは（より正確に言えば）要することが許される労働である。この理論では、労働はすべて購入された労働力の使用価値を現すものであり、［労働力の］買い手たる企業家または資本家の側が価値形成的な労働を商品に賦与しているということはほとんど無視される。

　しかしまた、この理論は、企業家または資本家が同時に生産の指揮者であること、いわば労働者全体の中心であることを通例だとする。これは、本来は協働的生産過程で機能する要素なのだが、それ以上に資本家の機能としてしばしば語られてい

221

る。さらに、「資本家」による指揮は、社会的労働過程の本質から生じ、そしてその本質に適合した特別の機能であるとされる（『資本論』第1巻第4章295頁）。もちろん、資本家による指揮は同時に社会的労働過程における「搾取」の機能を果たすものであり、それ故搾取者とその搾取のための原材料［すなわち労働者］との間の直接的敵対関係によって規定されるということが、このことに付け加えられる。

　生産のための指揮者は音楽の指揮者になぞらえられる。オーケストラは個々の楽器演奏者とは別に指揮者を必要とするのである。「この指揮の機能、すなわち、監督と調整は、資本に従属する労働が協働的になればすぐに、資本の機能となる」。実際、マルクスは産業利潤——利子とは区別される——には常に「監督賃金」が含まれていると解している（このことは、とりわけ『剰余価値学説史』の最終節で詳述されている）。「資本は生産過程においては労働の管理者、労働の指揮官（事業の統率者）として現れ、労働過程自体において極めて積極的な役割を果たす」。この機能が資本家的生産という特殊な形態に由来する限りにおいて、資本家の活動は収奪と結びついた労働であって、当然ながら、賃労働者の労働とほとんど同様に生産物の価値となる。それは、奴隷制にあっては奴隷監督者の労働に対しては労働者自身の労働と同じように賃金が支払われなければならないのと全く同じことである。

　このことをさらに展開すると、産業資本家が受け取る賃金は資本の大きさに反比例し、小資本の場合に大きくなることになる。何故なら、資本が小さい場合は、産業資本家の存在は他人の労働を搾取することと自分自身の労働で生活することの中間

222　第Ⅱ部　学説

的なものになるが、大資本にあっては、監督賃金は極僅かなものであるか、あるいは管理者が雇われれば監督賃金は資本家からは完全に切り離されてしまうからだ。

「資本家的生産自身が、資本の所有から完全に分離した監督労働を、自己資本のもとであれ、他人資本のもとであれ、至る所で見られるありふれたものにしてしまった」。「監督労働が資本家自身によって行われるということは全く無駄なものとなる。実際には監督労働は、工場管理者等があらゆる種類の資本家から切り離されるなかで、資本と分離して存在することになる。このことについて最も優れた例証を与えるのは、労働者自身によって設立された協同組合工場である」。

しかしマルクスの理論は、その基本において、このような労働を存在しないものと見なしている。むしろ、資本と労働が相互に完全に分離していること、そして資本は単に、そして必然的に労働力の買い手として現れるのであって、生来何らかの労働力と結びついたものとして現れるのではないこと、これを前提としている。このような抽象はそれ自体としては概念的認識に役立つ。しかし、それはただ概念的に正しいというに過ぎず、かつ正しいのはそこまでであるという修正が必要である。

労働者を指揮し、監督するという労働もまた——それが「搾取」と結びついたものであれ、購入されたものであれ——剰余価値を形成するのかどうか、したがってその一部は剰余労働なのかどうかという疑問がここから不可避的に生じてくるが、この疑問は一度たりと提示されたことはなかった。マルクスは、独立自営農民や自営手工業者の生産様式と奴隷制に基づくプランテーション経営とを比較して、「経済学者はこの監督労働を

Ⅴ　批判　223

虚偽の生産費と見なす」といっているところからすると、監督
労働が価値を形成するということを否定しようとしているよう
に思われる[5]（その一方で、マルクスは、資本家的生産様式の
分析においては、協働的労働過程の本来的特性に由来する指揮
機能と、労働過程の資本家的なそれ故また敵対的な性格によっ
て規定される指揮機能とを同じものと見ている）。

　実際は、理論的な意味においては次のように言わなければな
らない。労働者を監督する労働は、それが搾取のためのもので
ある限りは、［労働過程にとって］本質的なものではなく、何
らの価値も生まないが、それが［労働過程にとって］本質的な
ものである場合には、価値も、そしてそれとともに剰余価値も
生む。したがって企業家もまた、彼自身の労働力の価値よりも
彼が産み出した価値の方が大きいときは、自分自身で剰余労働
を行うことになる。

　2．一つの極端な欠陥が1で述べた不明確性と密接に関連し
ている。マルクスは一貫して、資本家的生産様式を歴史的に形
成されたものとして把握し、前資本主義的生産様式からのその
展開を描こうとするにもかかわらず、それが描写されるはず
の発展史的な見解と弁証法にかかるマルクスの基礎概念の中に
は、その痕跡は何もない。

　マルクスは、剰余労働は資本家にとっては何らかの超歴史的
なものではないと見做そうとする。しかし彼は、資本以外の、

---

(5) マルクス自身は次のように言っている（『剰余価値学説史』第3巻
　465頁）。「この労働の一部は単に資本家と労働者の敵対的対立に由来
　するに過ぎない。……それは虚偽の生産費に属する」。

労働から分離した生産手段の所有者として、奴隷所有者と農奴主とを挙げ（『資本論』第1巻第4章196頁）、こうした者にとって好都合な剰余労働だけを、資本に先行させる。しかも歴史的な叙述においては、大衆から土地と耕地という彼らにとっての本来的な生産手段を強制的に収奪することが資本家的生産様式の「基礎」を形成しているとする。

　実際、中心的なテーマとなっているのは、自己労働に基づく私的所有の否定であり、自営的労働者すなわち農民と手工業者（これもまた「広範な大衆」である）から土地と耕地そして生活手段と労働手段を収奪することである。マルクスは繰り返し主張する。「この恐るべきかつ苛酷な収奪が……資本主義の前史を形成する」、「自分で働くことによって獲得する私的所有、いわば個々の独立の労働主体とその労働条件との統合に基づく私的所有は、資本家的な私的所有によって排除される」。

　次のような移行に関しては、弁証法はまさにうってつけであったはずである。だからこうした移行のすべてが研究され得たはずであり、その全てにおいて、諸概念が検証され得たはずである。

・（手工業型の工業的生産を強調するための）手工業から工場への移行
・手工業の親方から企業の長としての抽象的資本への移行
・自分自身の労働と剰余労働とによる収入から、自己労働（すなわちまた自らの剰余労働）の完全な放棄と、他者を働かせることを唯一の仕事とすることへの移行
　　——自分自身の超過労働ということについては、親方が自分の仕事ですでに十分な剰余労働を行っていたから、

「職人」のような者達が剰余労働を行うということはもう必ずしも必要ではなかったが、それでも「職人」達も一緒に超過労働を行うこともあったかもしれない。また、他者を働かせることを仕事とすることに関しては、買い入れられた労働力をその価値及び支払われた労賃に対応する以上に長くかつ多く働かせることが、今やこの仕事の本質となる。

周知のように、『資本論』第1巻は歴史的な叙述に富んでいる。しかし、資本家的生産様式の成立は単に本源的蓄積として、それもまた偏った方法で、語られているに過ぎない。そこから何かが基本的概念に向けて推論されるということはなかった。ゾンバルトの『資本主義』（とりわけその第2版）のような記念碑的著作がこれを補うために用いられるかもしれないが、しかしそこにおいてもまた、「資本主義の」「本質と生成」は単に輪郭を描かれているだけであり、剰余価値の問題は対象から外されている。

マルクスにとってはだが、この問題は他のことよりも重要性が低いという訳では決してない。「他人の労働を搾取することと自分の労働によって暮らすこと」の「中間物」は付随的に語られただけだが、本当はこれこそがマルクスにとっては極めて重要な理論的関心の対象であったはずである。しかし、マルクスにあってはこの問題は全く存在しないも同然であった。

3.　これと密接に結びついているのが、価値理論の核心に潜むもう一つの基本的誤謬である。利潤率は資本の「有機的構成」（これは可変資本部分からしか導きだされないのだが）とは別

に決定されるが、このことと価値理論との間のいわゆる解決不可能な矛盾については、文献でしばしば論じられている。マルクスによれば、資本家達は総剰余価値を、相互の競争に基づき、またその結果として、総資本に比例して分け合う。たしかに利潤率は剰余価値に基づくのだが、個々の資本家にあっては、彼によって産み出された、すなわち彼の労働者によって生産された剰余価値に応じて割り当てられるのではない。利潤率は総剰余価値の総資本に対する割合で決まり、次に個々の資本家はその費用価格にこの率を乗じて生産価格を決めるのである。こうして商品はその価値どおりに交換されるという当初の前提は明らかに否定される。生産価格は特別な場合にのみ価値と一致するだけで、それ以外は価値より高いときもあれば、低いときもある。

　ここには考えることができないことを考えろと要求する矛盾がある、とする主張は誤りであるが、だがたしかにここにあるのは、無理で、不自然で、そして心底信じがたい理論的組み立てである。これは次のことに起因している。マルクスは（すでに述べたように）まず、価値の形成を、財産のない、それ故資本を持たない労働者によってなされる労働——その一部は対価を支払われ、一部は支払われない——だけから導きだし、次にこのようにして産み出された新しい価値と共に、原材料や生産手段の古い価値の一部を、生産された商品に移転させる。したがって、古い価値の一部に、新しく産み出された価値が、単に外的・機械的に付け加えられるだけである。これはすべて足し算の問題である。ある素材に働きかけるために用いられた生きた労働が、道具や機械によって高度化された作業のなかで、こ

Ⅴ．批判　*227*

の材料や生産手段自体の価値を高めるということ、すなわち生きた労働と材料及び生産手段とは、単なる足し算ではなく、それに替わって、相互に相手をより強化し、そしてお互いにいわば自分自身を増大させるということ。こういうことはマルクスには初めから考えられないことであった。

しかしこれは、マルクスにとっては考えられないことではあっても、それ自体としては考えられないわけではない。むしろ十分にあり得ることであり、経験によってそれは確認される。そうであれば、利潤率が、労働力に投下された資本の相対的割合からは独立していることも、したがって、ある種自明のものということになる。

私が言わんとするのは、利潤率の独立性のことであり、そして一般的にはそれは生産に使われた労働機材の価値によって規定されるが、この価値が労働によって何倍にも高められもするということである。というのも、実際には「平均利潤率」は極めて多くの多くの要素から構成されていて、生産物の市況に応じて、そして市場の統制または独占的傾向の度合いや競争の実現性の有無に応じて、上昇したり下落したりするからである。労働時間が同じでも、用いる労働手段と労働材料が違えば、どうして、それに応じて生産する価値量は異なったものにならないのであろうか。ならないというのは理解できない。

4. マルクスが基礎としている考えによれば、資本家的生産が商業の特別の形態（G-W-G' 型）であるのと同様に、高利貸しもまた商業のもう一つの特別な形態（G-G' 型）である。商品の価値が等しく、かつそのままであるとき、商業がいかにし

228　第Ⅱ部　学説

て成り立ちうるかを、マルクスは十分には説明していない。このことは、この後すぐに明らかになろう。実際は、ある同一の商品の価値が、取り引きされる時と場所によって、そして商品の使用価値すなわちその「限界効用」を左右する不安定な諸事情によって異なるが故に、そしてその限りにおいて、商業は可能となるに過ぎない。

かくしてまた、それぞれが孤立して暮らしに追われる労働者にとっては、その生産物の価値は、それを「しかるべき人間」のもとに持っていくことを知っている商人達の手によって得られるものよりもはるかに少ないのである。商人はそれぞれが孤立した人間のなんら加工されていない労働力を他の人間の労働力と一まとめにするが、この時の労働力の価値についても同じことが（なおのこと）言える。商人が、自分の所有する機械装置のなかに労働力を組み込んで価値を生産させる場合は、とりわけそうである。

［この場合は］実際、労働力は自身で「価値」を持っているよりも、「多くの価値」を産み出す。しかし、それはただ協働がなかったり、自分が持っているかもしれない能力や知性を有効に働かせる可能性が労働者になかったりする場合は、労働力の固有の「価値」が低いからに過ぎない。自然の力や文明の力は、企業家的商人の手にあって統合されて労働者と対峙し、労働者をそのシステムの中に組み入れるのであるが、この力に対しては、労働者は無力である。

企業家は「100人の労働者を、協働させることなしに、使うことができる」。それ故、企業家は100の独立した労働力の価値を支払いをするのであって、100の結合した労働力に対して

V．批判 *229*

支払うわけではない。労働者は、自立した人格として個別的な存在であって、同一の資本家と関係をもつとしても、一緒になってそうするわけではない。労働者の協働は労働過程において初めて開始されるが、この労働過程においては、労働者はすでに自立的存在であることを放棄してしまう。労働過程に入るとともに労働者は資本に吸収されてしまうのである。労働者それ自体は、協働する存在として、仕事を行う機関の構成要素として、資本の特殊な存在様式の一つとなるに過ぎない。それ故、労働者が社会的労働者として発展させる生産力は資本の生産力である。「労働者達が一定の制約下におかれ、資本が彼らをその制約下におくや否や、労働の社会的生産は費用を要することなしに発展する」(『資本論』第1巻第4部297頁)。この文章全体は正しいが、マルクスはここからなんの結論も導き出し得ていない。

　商業のみならず、商業資本もまた資本家的生産様式よりも古く、実際には、商業資本は歴史的に最も古くて自由な資本の存在様式であるということを、マルクスははっきり認めていた(『資本論』第3巻第1部308頁)。商人資本の自立的な発展が資本家的生産様式の発展度合いと反比例することについてマルクスは次のように言っている。商人資本は資本家的生産様式の内部にあっては、かつての自立的な存在様式から、資本投資全般の中の個別の一要因に引き下ろされる。ここでは、資本「一般」《"das" Kapital》が生産そのものを掌握し、生産が資本に服従した後に、商人資本は単にある特有の機能を持った資本として現れるに過ぎないからである。ただ、マルクスが忘れていることがある。生産を掌握した資本は、その本質からして、他の

230　第Ⅱ部　学説

資本、金貸し資本は別としても、少なくとも商人資本から区別されるものでは決してない。そしてこの商人資本こそが、生産がそれに従属する資本「一般」である。そのことをマルクスは忘れている。

したがって、商業利潤の説明の処理のような奇妙なことが生じる。マルクスの説明では、発達した資本家的生産様式にあっては、商人資本は流通において機能する産業資本の一部の非独立的形態である。こうすることによってマルクスは極めて不自然にそして作為的に商業利潤を導き出すのである。商人資本は何らの価値も、それ故また何らの剰余価値も産み出すものではなく、産業資本の剰余価値の一部を自分に移転させることになる。ここではまた、商人に固有の労働者（「店員」）は、商人にこの剰余価値の一部の移転をもたらすものであり、そうすることによって利潤の源泉となるとされる。何故なら商業資本の規模の大きさは経済的効果を生むものであり、商業資本としての機能を果たすために賃労働を用いることもまた同じ効果を持っているからである。その結果、商業資本によって買い入れられた「商業労働」は商業資本にとって生産的となる。すなわち、商業資本は利潤を産み出すのである。商業資本の工場としての事務所が、産業資本に代わって、価値を、それ故また剰余価値を現実のものとするからだ、という。次に同じように、商業資本の分岐としての銀行資本と、そこから生みだされる利潤が説明される（これに対して、金貸し資本の金利は、つねに労働とは関係のない利益の引き渡しとして、そして単なる資本対資本の関係として現れる）。

商業利潤のこのような理解は、「産業が商業を支配する」近

Ⅴ．批判 *231*

代社会の状況に対してはあてはまるとしても、そのようになる以前、つまり産業資本が相当の勢力範囲を持って存在する以前であっても、そのまま妥当するのであろうか。「商人資本の運動はG‐W‐G'であるから、商人の利益はまず第1に、流通過程の内部でのみ行われる行為、すなわち購入と販売の二つの行為によって産み出され、第2に、最後の行為、すなわち販売によってそれは実現される。それ故、その利益は売却益《Profit upon alienation》である」とされる。しかし、マルクスの前提に基づいた場合、このことはいかにして可能になるのだろうか。この場合の前提では、生産物は価値どおりに販売されるが故に、それがルールとなるはずなのだが、一見すると、価値どおりに販売される限りでは、独立した商業利潤というものは全くあり得ないように思われる。安く買って高く売るというのが、商業の法則である。だからそれは、等価物の交換ではないのである。

　様々な商品はすべて価値物であり、それ故に貨幣であるという意味で、ここには価値の概念が包含されている。商品の価値はその質からすれば社会的労働を均一に表現したものである。しかしいずれの商品もすべて同じ大きさの価値を持っているわけではない。生産物が交換される量的な関係は、当初は全く偶然のものである。商品は、そもそも交換可能である限りにおいて、すなわち共通の第三者によって表現されるものである限りにおいて、商品形態をとる。連続的な交換と、交換のための再生産はこの量的関係の偶然性を次第に取り払っていく。しかし当初は、交換や生産は生産者と消費者のためではなく、この両者の媒介人である商人のために行われる。商人が貨幣価格を突き合わせて、価格差を設ける。商人は自分の運動自体によって

232　第Ⅱ部　学説

「等価」を産み出していくのである（313頁以下）。言い換えれば、資本の利潤が生産領域においてだけ生じるものではなく、また最初にそこで生じるものでもなく、利潤は流通領域においても、しかも生産領域に先んじてここで生じることを、マルクスは認めなければならないのである。

　マルクスは、彼の体系に適合しない事実を、一部は例の曖昧な叙述によって、そして一部は次のことを指摘することによって片づけてしまっている。つまり、商業上の利得は、未開発の社会の生産物交換を媒介する限り、単に偽計や詐欺として現れるだけでなく、利得の大半は、圧倒的支配力を持った商業資本はどこでも略奪の体系となることに由来する、というのである。産業資本については、マルクスはこれと同じ観点から、「頭の先から足の裏まで、毛穴という毛穴から血と汚物をしたたらせながら」（『資本論』第1巻第4編726頁）生まれてきたと描いた。そんなことを言ったことなど実際にはまったくなかったかのように、である。しかしマルクスは、商業と産業資本主義が負うあらゆる醜さは必ずしもその本質と結びついているわけではない、ということを否定はしないであろう。これまでしばしば挙げてきた『資本論』初版（1867年）の前書きでマルクスは次のように言っている。

　　私は経済的社会構成の発展を自然史的な過程として捉える。この立場からは、個々の人間が社会的にはその被造物となっている諸関係に対して、たとえ彼が主観的にはどれほどその諸関係を超越できたと思おうと、その責任を個々の人間に負わすということは、他のいかなる立場にもまして、できることではない。

5. かくして我々は、マルクスの説明を次のように修正することができよう。資本主義の本質は商業の本質にほかならず、資本主義とは発展させられ、強化され、そして拡大された商業のことである、と。

また、商業には骨の折れる活動が伴うかもしれないとしても、そして実際しばしばそうであるとしても、労働と商業の間には単なる相違があるばかりでなく、明らかな対立がある。労働も商業も社会的生活の一機能ではあるが、労働は（私の概念をここに持ち込ませて貰えるならば）共同体《Gemainschaft》と本能的意志によって規定されるのに対し、商業は利益社会《Gesellschaft》と自由意志によって規定される。労働は、直接に果実としてか、あるいは間接に交換を介してか、いずれかによってその報酬となるべき成果を求める。一方、商業は単なる反復的交換によって「利益」を引きだそうとするのであって、要するに、労働を行うことなしに、労働の果実を取得しようとする。労働は具体的な価値物、すなわち労働者の生活を維持し、向上させ、そして潤いを与える価値物を産出しようとする。一方、商業は抽象的な価値を獲得しようとする。商業の使命は、具体的な価値物のいかなる目的をも超えた、それ自身の絶え間のない増殖である。労働は単純な交換によって同じ価値（等価）を求める。商業は［購入と販売という］二重の交換によって剰余価値を求める。

商人は市場の変動を見込んで投機を行い、かつまたこの変動から自分自身を守らなければならないのだが、商業が「生産を支配する」ことによって、商品が市場の変動から独立し、その

234　第Ⅱ部　学説

変動に頼る必要がなくなるという意味から、商業は本質的に市場の変動に左右されない領域を獲得することになる。

本来の大商業と比較すれば大工業は相対的に堅固であり安定している。マルクスは「現代の政治経済についての本当の研究は、理論的考察が流通過程から生産過程に移るときに初めて開始される」というが（『資本論』第3巻第1篇321頁）、それを認めるとしても、それだけ一層次のことが強調されることになろう。つまり、商業が生産に従属する（これはマルクス自身の表現である）ということは、生産過程は流通過程と連続する一要素となることに他ならないということである。

事実そうであり、しかも二重の意味でそうだからだ。二つのケースがある。一つは、商業が生産方法を変えようとせずに、せいぜいが、労働者に例えば労働手段や原料を貸し与えるときくらいしか、生産方法に関心を持たないというケースである。ここでは商人は、たとえ中間親方を雇い、あるいは間接的に労働者から生産物を「取り上げる」にせよ、依然として媒介者であり、取引業者である。もう一つのケースは、商人が自ら生産者となるものである（生産者が商人になったとしても、結果は同じである）。この場合には商人は、組織化をする人間、技術的な指導者、知的能力を持った創業者としても、価値創造に参画するが、これは商業の観点からすれば、偶然的なものである（手工業者などがその工場を商人のように経営するとする場合はこれとは違う）。

商人はこのような存在として、購入と販売によってだけその資本を活用しようとするのである。商人にとっては、その目的からすれば、生産過程は外部的なものにとどまる手段に他なら

V. 批判　235

ない。それは例えば、馬匹商人にとって、若い馬を買い、馬のために借りた牧場に馬を放ち、あるいは馬に亜砒酸を食わせたりするのが、彼の目的にとっては本質的な手段ではないのと同様である。

生産過程は、そこで調達され、組み合わされる原料、機械、労働力といった諸要素の価値を高めることに寄与する。これは、穀物商人にとっては種々の穀物の配合が、ワイン商人にとっては良質なワインと劣ったワインの調合やアルコールや砂糖などの添加が、その目的にとって大きく寄与するのと全く同じである（周知のように、こうした商人やその他の商人にはしばしば「工場主」になっていくものがいるが、彼らはこのやり方を賞賛されて「工場主」になるわけではない）。規模が大きかろうが小さかろうが、商業にあっては混淆と調合は常に重要な意味を持つ。

しかし生産過程を利潤の獲得という目的の手段として見るならば、生産過程の特殊性は次のことにある。それは、調達された様々な要素の中には、他の要素の価値を高める源泉（酸味の強いワインにとっての砂糖のようなもの）であるばかりでなく、価値そのものの源泉であり、価値形成の本源でもある要素があるということである。それは労働力である。とりわけ、協働と合目的的分業、そして技術的な補助手段——これは個々の労働力にとっては、到底手に負えないようなものになった——の採用とによって、その生産力を高められた集合的な労働力である。

商人にとっては通常、自分で商品自体を「製造する」ときほどに、購入が安価に行えることは他にはない。そして商人は、原料、労働手段及び労働力を得るための資本を（それを借りよ

236　第Ⅱ部　学説

うと、自分で所有していようと）「前貸し」できるのであれば、商品を製造することができる。労働力は商人にとっては単なる補助的な力に過ぎず、商人はただそのようなものとしてのみ、労働力を得ようとするのである。商人にとっては、その労働は商人の目的と直接的な関係を持っていない単なる役務の遂行あるいは支援的作業に過ぎない。商人は、生産過程の（たとえ指導者ではないとしても）知的能力を持った創業者であり、工場の支配者、労働手段の支配者、労働力に対する命令権者である。これは将校の兵士に対する関係のようなものである。そしてまた戦場での勝利者が将軍であると同様に、労働の成果物の所有者になるのは商人である。

　労働者は、たとえ熟練していようと専門的訓練を受けていようと、単純労働者におとしめられる。これは、労働者が市場の支配者ではなく、もはや協働も、そして技術進歩のために労働者がその下僕となってしまった大規模な生産道具も、労働者がコントロールできなくなったことの不可避的な結果である。

　労働者は団結することによって、彼らの仕事の対価を維持することができるし、対価を上げることさえできる。しかし、労働者がこの仕事に必要な器官を奪われたままでいる限り、言い換えれば、資本が労働者を疎外するものとして、いやむしろ敵対的な力として、労働者に対峙する限り、彼らはその仕事に対して自分達の真の価値を付与することはできない。

　労働者が自分達で資本を獲得し出資し合うときは、それを事業のため用いることの危険を負担するに十分な額であるときに限って、労働者は労働の成果を自分自身のものであると主張できる状態になる。そうした場合でも、当然のことながら労働者

V. 批判　237

は非生産的な消費にはこの成果の一部しか向けることができない。これは、成果を商人が得る場合でも、賢明な商人ならばそうするのと全く同じことである。労働の成果の残りの部分は、摩耗した生産手段の補充、生産の継続と（例えばだが）拡張、および事故その他の労働にとっての障害が発生した場合の保険のために留保されなければならない。なお、生産に従事できない労働者の扶養もまた「消費基金」でもって行われる必要があるが、それは上記のこととは別である。

　マルクスが「労働は価値形成要素としては、そして価値尺度としてはそれ自身で価値を持つものではない」と言うのは当然だが、労働力もまた価値を持つものではない（労働力には価値が極めて強引に付与されるが、この場合の価値は生活手段やその他それと同様に労働力の生産のために欠かせないものの価値である）。労働力は生産されないし、商品では決してない。しかし他の多くの交換可能なモノと同様に、労働力はあたかも商品であり、価値物であるかのように扱われる。労働力は価格や価値のようなものを持ってしまうのである。労働力にどのような価格が付けられるかは、どんな場合であれ、一方における労働力の持ち主と、他方における労働力の使用を欲する者とにかかっている（労働の供給とその需要）。これに対して、現実の商品の価値は、当然の事ながら、市場関係の下でその商品の再生産にとって必要となる、商品に体化される労働の種類と量によって決定される。

　労働者はその労働力の価格を、自分以外の労働力と協働して仕事をすることに見合ったものにするというようなわけにはいかない（マルクスは「資本家はこの結合された労働力に対して

238　第Ⅱ部　学説

支払うわけではない」と言っている）。もっとも、労働者は仲間と団結することによって、労働力の対価をこの結合された労働力の価格に近づけることはできるであろうが。これ以上に可能性がないのは、労働力の価格を、資本が持っている最良の労働手段による仕事に対応したものにすることだ。労働者が労働手段を自由に使用できない限り、しかも資本がそれを自らの裁量のもとに置く限り、労働の生産性は潜在的な、単に可能性のあるものにとどまるのである。

6. 概念上は厳密に区別されるべき問題がある。市場、すなわち任意の買い手に向けて生産することと、これとは逆に、自分たち、すなわち共同体が必要とすることのために生産することとの違いの問題である。たとえこの問題は、実際には、資本と労働の関係を巡るすべての問題と密接に関連するとしてもである。マルクスは、協同組合的生産について言及するときであっても、このことには全く立ち入ろうとしない。実際、生産協同組合は、それ自体としては［資本家的企業の］単なる競争相手のままであり、また周知のように、純粋に商人的な志向を持った企業の完成形態である株式会社に容易に逆戻りしてしまう。消費組合もまた、多数の匿名の組合員が参加する単なる小売商店になるかもしれない。

しかし組合が、自分たちのことは自分たちで処理し、商業とその分配による利便には依存しないとする消費者の意思によってその展開を方向付けられるならば、言い換えれば、決意、行動力そして見識を持った組合員が、自分たちのための生産という目標を追求するならば、組合は、通常は資本家的企業とは別

V. 批判 239

の道をたどって発展する。

　もちろん組合員は自分たちのための生産を、他の資本所有者や企業家達の方法にならって行うことができるし、賃労働も必要とするはずである。そして労働者が、生産協同組合の資本をも、自分達を疎外する、いやむしろ敵対的な力として感じる限りにおいて、彼らにとって生産協同組合的経営は、主観的・外見的には、［資本家的企業と］何ら変わるところはない。

　問題は、労働者がこのように感じ、考えることもまた根拠のあることなのかどうか、正当なことなのかどうか、ということである。労働者自身が協同組合員であるか、組合員になるかすれば、すなわち労働者が生産協同組合的経営の本質と目的そしてその長所を分かち合い、労働者とその家計が協同組合的思想の恩恵を享受するならば、その分だけ明確にこの問いは否認されるはずである。また彼の子や孫のことを思って、将来を考え、予期し、そして組合の基金を拠出する場合は、より一層この問いは否定される。なぜなら、協同組合は後世の人々の利益となるものであり、このことこそが協同組合の基金を根拠付けるものだからである。

　こうしたことに対して何の意義も見出さない者、鈍感で、愚かにもただ一時的な利益しか考えることができない者、そうした人間はたとえ彼自身が協同組合員であったとしても、組合で働く労働者であっても、あるいは消費組合の店舗や大きな購入組合の事務所の従業員であろうと、協同組合によって自分が「搾取されている」と思うであろう。

　これは判断と認識の問題である。しかし、ここでの判断と認識は、多くの場合と同じように、道徳的な成熟と、そして善良

240　第Ⅱ部　学説

な意志とによって同時に規定される。善良な意志とは、だがこ
こでは、困難を極める救助活動の際に見られるような、自己抑
制や、犠牲的行為といった英雄的な意志のことをいうわけでは
ない。それはただ、十分にそして深く理解された関心という形
での認識を求めるに過ぎない。この関心は、我々の一人一人が
持っているものであって、将来のことを考えるという関心であ
り、無意識のうちに極めて現実的なものから極めて理想的なも
のへと移っていく関心である。理想的なものになればなるだけ、
それだけ、それは感心の対象へのより確固たる確信へと転化す
る。ここに、真の協同組合的精神がある。

7.　マルクスの思想体系の最大の弱点は、体系に内包されて
いる倫理的な力と倫理的な意志に対する軽視にある。『資本論』
その他のマルクスの著作は倫理的憤激や激しい弾劾で溢れてい
る。それは、冷酷、破廉恥、貪婪、無慈悲な蛮行、そして、こ
の上なく恥ずべき、汚らしい、狭量な、ひねくれた根性、といっ
たものに向けられたものである。そしてマルクスは、いたる所
で私利私欲に駆られた復習の女神（フリア）がその単調な歌を
うたっているのを聞く。それにもかかわらず、マルクスは、自
分がこれほど強烈な色彩で描き出した状態――マルクスはそれ
を時としてメドゥーサの頭やその他の怪物になぞらえている―
―を改善あるいは廃絶するために、労働者の倫理感に訴えるこ
とを一方的に撥ねつけている。いわんや資本家の倫理感に訴え
るようなことはまったくない。マルクスは労働者階級の「重大
な義務」に関するものとしては、そしてまた国際政治の秘密を
突き止めるという彼らの義務に関しては、政治的権力の獲得の

V.　批判　241

ことを語るだけである。

　たしかにマルクスは、ストライキとロックアウトの際の労働者集団の英雄的抵抗を賞賛している。実生活にあっては、倫理的パトスがマルクスから失われたことは決してなかった。マルクスは個人的にも、家庭生活や友人との交際などにおいて、そもそも人間として、疑いもなく強い倫理感に満ちていた。多くの場合、それにさらにある種の厳格さと苛烈さが付け加わる。ラッサールに対する批判に見られるように、少なくとも他の人間の失敗や欠点を批判するときは、そうであった。またマルクスはしばしば彼の身近なグループでたむろしている「ごろつき」をこれでもかとばかりに罵っている。

　社会主義あるいは何らかの社会改良の基盤から倫理的な感情を排除することは、まったく理論の上だけのものであり、むしろ教条的でさえある。これは、倫理的感情を動因とする働きを必要とせず、したがってそれを蔑視するという、純粋にして独自の学説をマルクスが遮二無二追求したことに原因がある。

　マルクスの学説は、一方において、動因としての過程、自然にわき起こる衝動、そこに現れる本能、つまりはストライキと階級闘争という本能、こういったものに信頼を寄せる。後期のマルクスにあっても、若い頃と同様に、ここに決定的重みが置かれている。しかし他方において、マルクスの学説は、何であるべきかということよりも、むしろ何であるのかという、冷静にして明確な認識を求めているのである。（1877年10月18日付けのゾルゲ宛の手紙で）マルクスは、物質的な根拠に基づいて運動をしようとするのならば、この物質的根拠である国民経済の発展についての真剣にして客観的な研究が必要となる、と

242　第Ⅱ部　学説

語っている。マルクスは、未熟な若者の革命的言辞を笑うべき
ものと見た。また、将来の社会建設を巡る「幻想的な戯れ」や、
それがより新しい形をとったものであるユートピア主義をたわ
いのないものと見て、これを心底から反動的なものだと呼んだ。
このことに関しては、マルクスは正しかった。彼はまた、思い
つめた精神的な熱狂や一途さが持つ危険性を知っていた。当然
ではあるが、これらはほとんど常に、力の裏づけのない自尊心
とセンチメンタルな衝動と対になって現れる。

　しかしマルクスは以下のことを見誤った。マルクスによって
不当にも放逐されてしまったが、全く別の種類の道徳的理想主
義があること。政治的な力も、他のあらゆる力と同様に、英知
と思慮深さを正義の実現という意識に結びつけないならば、敵
を零落させるだけでなく、自分自身にも害を及ぼすということ。
現存の秩序を守るものであれ、それに反抗するものであれ、あ
るいは法と権利を守るものであれ、それに反抗するものであれ、
素朴な一般大衆の意識にあっても、教養ある人間の意識にあっ
ても、倫理的基盤こそが、それが最も説得力を持ったものであ
るが故に、いつも長期間にわたって極めて有効なものとなると
なること。遺伝やその他の形で受け継がれた先入観と、個人的
なあるいは身分的・階級的利害に由来する先入観とに基づいて、
本人には意識されることなしに、この倫理的基盤がいかに強く
成長しうるものであるかということ。このことをマルクスは見
誤った。

　8.「唯物論的」歴史観の基本的考え方の言わんとすることは、
正しく理解されるならば、どこでも研究にあたっての手引き

V. 批判 *243*

として役立つ。それは、マルクス、エンゲルスや彼らの後継者たち以外の思想家にとってさえもいえる。一般的な日常の暮らし方は必然的にそして継続的に政治的および精神的生活の形成に影響を与えざるを得ないが、これは後者が日常の暮らしに根拠を持ち、それ抜きには考えられないからである。これに対して日常の暮らしは、たしかに政治的および精神的生活によって条件づけられることにはなるが、その本質的な状態と動きは後者からはかなり独立したものとなっている。それは日常の暮らしというものが、それが立ち行くためには、共同生活の枠組みを形成する素朴な欲望と動機の処理を必要とするだけだからである。この相対的独立性は、哺乳動物の有機的編成において、栄養摂取のための活動が運動器官や感覚器官とは相対的に独立したものとなっているのと同じことである。

　たしかに、一般的な社会生活とは経済的生活のことである。経済的生活はどこででも、倫理、法、支配権力によって規定はされるが、これらのものは欲望によって導かれ、欲望から生じる。精神的生活にあっても同じことである。飾り立てたいという欲望が性差を意識した生活に由来し、宗教にすがることが個人的・社会的生活のあらゆる困窮に原因を持ち、芸術は芸術で、宗教的、装飾的、そして原始的な欲望といったものに根拠を持っているように、精神的欲望は物質的欲望に根差すのである。

　しかし、たとえそうであっても、物質的欲望の外にある、あるいはそれを超えた精神的欲望もまた存在する。それゆえ、「人間の社会的存在がその意識を規定するのであって、逆ではない」という文章には次のような修正が必要になる。意識が存在を規定するよりは、存在が意識を規定するほうがより強く、より直

接的である。そしてまた、存在の運動と変化は、たとえ意識の運動と変化に規定されるとはいえ、決定的な意味においてそれ自身の因果関係から生じるのに対して、意識の運動と変化は、たしかに内的な因果関係を持ってはいるが、まずもって存在の運動と変化に左右され、相当の部分は（数学的意味において）その関数として理解される。こうした修正が必要なのである。

　意識の作用は、社会的生活に争いや危機が生じた場合には、非常に強烈な、そして歴史的に極めて重要な意味を持って現れる。そのことは、マルクスも正しく見ている。しかしそれはまさしく、意識の形式、権能、思考方法といったものがそれぞれ固有の法則性と因果関係を持っているからであり、そしてそれらがとりわけ強靱な持久力を持っているからに他ならない。階級闘争、そして革命は、マルクスが言ったように、客観的矛盾の主観的表出である。しかしマルクスが見ていない現象がある。それは、このような矛盾は同時に、一つの文化の死、共同体の中で精神的に高められた民衆の生活の死を意味し、この矛盾は根本的なところで解決不能であり不治のものだ、ということである。

　勿論、一つの文化の死と同時に、古い文化のなかから新しい文化が発展していくが、そのために不可欠のものがそこにあるというわけではない。新しい文化の発展のための本質的な条件は、新しい生産力と新しい技術の圧倒的な進歩でも、階級独裁でもない。それは、新しい人間、新しい大衆の勃興であり、彼らのための新しい基盤の開拓である。我々はその限りにおいて、過去のことから将来のことを推測できるのである。

　現在の社会構成の没落と未来のそれの生成をマルクスは確信

を持って断定しているが、この確信は経験によって裏付けられたものではない。この移行と、封建的社会構成から資本家的社会構成への移行との類似性は、何も証明されていない。こうしたことは既に『共産党宣言』において顕わになっていた。

　マルクスが既に1847年に確認したと思い込んでいたものがある。ここ数十年来の産業と商業の歴史は、近代的生産関係と近代的所有関係——それはブルジョアジーの生存条件とその支配とを意味する——に対する近代的生産力の反乱の歴史であって、商業恐慌はそのことを証明するのに寄与するはずだ、というのがそれである。このことから、歴史を遡って類推がなされた。ブルジョアジーが形成される基盤となる生産手段・交通手段は封建社会において生み出されるが、その発展の一定の段階で、この社会が生産、交換を行う諸関係、農業と手工業の封建的組織、すなわち封建的所有関係は、発展を遂げたこの生産力に対応しなくなってしまう、という類推である。マルクスは言う。「封建的所有関係は、生産を促進する代わりにそれを阻害し、生産を促進したときと同じくらいの多くの桎梏へと転化する。封建的所有関係は粉砕されねばならず、そして粉砕された」。

　仮にこの類推が正しいとし、そして今後の展開についての推論を受け入れるものとしよう。マルクスとエンゲルスは実際、この推論に基づいて、商業恐慌が起きる都度、プロレタリア革命の発現を期待した。だがそれによって、今後の展開の結末は、階級の最終的な「廃絶」、社会的生産過程の「最後の」敵対的形態の終焉を意味するということが示されたわけでは決してない。

　現在の社会形態でもって「それ故」人類史の前史は終わると

するマルクスの予想は根拠のない予言である。この点において、マルクスには幻想が生じている。それは科学的な思考というよりは宗教的な信念に近い特質を持ったユートピア的な思い込みである。マルクスは、より高度な社会形態の現実的基盤が完成するとし、この高度な社会形態の基本原理は全ての個々人の完全かつ自由な発展だとする。それ故マルクスは、オーウェンの提案に従って、工場システムの中に、将来の教育の萌芽を見る。そこでは、単に社会的生産の強化のための方策としてのみならず、あらゆる面で能力を発揮する人間を作り出すための唯一の方法として、一定年齢以上の全ての子供達に対し、生産的労働が授業や体育と組み合わされる（『資本論』第 1 巻第 4 篇 449 頁）。このようにして将来の個々人にとっては、社会の様々な機能は相互に交代して行う活動となるという。古い分業は永久に揚棄される。労働者集団が男と女、そして様々な年齢階層の人間達から構成されることは、「残忍な資本家的」形態の下では、破滅と隷属の病根であったが、適切な関係の下では逆に人間としての成長の源泉となるはずだとされる（同書 455 頁）。

9. マルクスが抱いた将来に対する確信を分かち合わない者でも、そして階級も競争も争いもない社会が出現するとする信念を幻想だと見なす者でさえ [6]、上述したマルクスの指摘には

---

(6) このことに関して、最近シュタウディンガーが階級闘争と競争に関する彼の見解をまとめている（"Konsumgen Rundschau" 誌，第 VII 巻 31 号、1920 年）。私はそれを "Wildmungsblatt" の裏頁に再掲した。ゾンバルトもまた階級闘争と競争に関する理論についてシュタウディンガーと同じ趣旨で既に批判を行っている。

共感を寄せざるを得ないであろう。しかし人間としての成長が、単に努力すれば得られるものというだけでなく、予見されるものでもあり、また確実視されるものでもあるならば、なにゆえにマルクスは、社会主義的志向を持つ労働者達に対して、この高い倫理的な目標を心に抱くことを禁じ、期待自体やもっと高潔な人間になりたいという願いを変革の動機とすることを禁じたのであろうか。

　確かにマルクスが革命的意志の衰弱や弛緩を懼れたことを我々は知っている。しかし他方でマルクスは熱狂的行動や革命的空文句を嫌悪した。マルクスにとっては、変革の過程が「より人間的な形態」で展開されるということ自体が望ましくなかったのだろうか。変革の過程が労働者階級自体の成長度合いによって規定されるのを忌避したのであろうか。成長してより高い段階に達することは、道徳的理想に対する信頼と感激を自らのうちに内包しないのであろうか。

　マルクスは、労働者階級に対して生産力と所有関係の衝突をいかなる形で戦い抜くべきかを指し示そうとし、その一方で彼らの倫理的・人間的成長を禁じているように見える。そうであれば、たとえ意識と存在の関係についてのマルクスの主張がまったく正しいと仮定したとしても、これは明らかにひどい論理的誤謬である。

マルクスの偉大さ

　マルクスは時折次のように批判される。彼の学説は、その固有の内容に即して見るならば、ただ階級意識の表出と階級闘争

の武器を描いたにすぎない。そうすることによってマルクスは自分の学説から科学的正当性と一般的有効性の理念を排除した。彼の学説は、真実のそして正当な政治経済学では決してなく、一方における資本の経済学と、他方における労働の経済学にすぎない、と。確かにマルクス自身、その経済理論のかなりの部分に党派性のある接着剤を厚く塗り込んでいて、そのことから彼の学説には真の理論的思考が持つ普遍性や無前提性がないことに気付かされることになる。もっともマルクス自身も、いつも階級意識を持っている労働者でも、100人のうち、1人ないし2人以上が彼の学説を理解できるようになるとは、期待していなかったのかもしれない。

　しかし道徳的意識というものは、時としてあらぬ方向に発展したり、宗教上の信仰の中に取り込まれて自分自身にもはっきりしないものとなることもあるとしても、普通の人間であれば誰にでも本来的に備わっているものである。そしてこの道徳的意識は、不法な状態、文明のもたらした惨禍、人間性の侮辱、こういったものに対して戦ったり、人間らしい扱いを求めたりするときには、より強力な武器となる。何故なら、この思いは決して一つの階級に結びつけられるものではないからだ。この思いは、自分自身の悲惨さにたいする意識、その悲惨さや仲間の悲劇的な境遇に対する憤激などによるものよりも、むしろ気性や性格といった自然な性向、人間が成長していく際の精神的雰囲気、養育者や教師の影響、読んだり聞いたりしたこと、共感や理解、といった、簡単に言えば全体として人間を道徳的に形成するものにかかっている。たとえ、暴動を煽る行動が、状況を改善できるという僅かな見込みを示すというよりは、この

道徳的意識における苦悩に直接に由来し、時折、それが出現する際の原初的エネルギーによって一時的に有益な作用をもたらすものにすぎないとしてもである。

これに対して、マルクスの一貫した主張、その理論的構成、その現実政治にかかる推論にあっては、プロレタリアートの運動は、あらゆる国で多かれ少なかれその出自や教養からしてプロレタリアートの外側に立つ人々によって始められ、指導されるのである。マルクス自身とエンゲルスがその顕著な例である。

マルクスは、その仕事と活動に付きまとう欠点にもかかわらず、なによりも時代を画する人物かつ思想家としての地位を幾世紀にもわたって維持しつづけるであろう。

彼の放つ光は、無限のかなたに流れ行く光と結ばれている。

訳者あとがき（解題）

テンニースにとってのマルクス

　本書は、フェルディナント・テンニース（Ferdinand Tönnies, 1855 年 7 月 26 日 - 1936 年 4 月 9 日）の、*Marx. Leben und Lehre* （Lichtenstein, Jena, 1921）の全訳である。Tönnies の日本語表記には様々のものがあるが、引用文のなかでの表記を除き、テンニースとしておく。

　テンニースは『ゲマインシャフトとゲゼルシャフト』（原著の初版の出版は 1887 年）の著者で知られている社会学者であるが、社会学者としてのテンニースについては、ここでは触れない。社会学者としてのテンニースを論じるためには『ゲマインシャフトとゲゼルシャフト』を中心とした詳細な検討が必要となるが、ここではそれは不適切だと考えるし、訳者にその能力もない。飯田哲也『テンニース研究』ミネルヴァ書房、1991 年（以下、飯田［1991]）やフリッツ・パッペンハイム『近代人の疎外』岩波新書、1960 年（以下；パッペンハイム［1960]）などに依拠しつつ、テンニースが本書の対象としたマルクスとの関係に限定して簡単に見ておくことにしたい。

　テンニースはマルクスの一世代下の人間であった。両者の生没年等を比較すれば、次のようになる。

252

年	マルクス	テンニース
1818	誕生	
1843	エンゲルスと出会う	
1855	(37歳)	誕生
1867	『資本論』第一部刊行	(12歳)
1881	(63歳)	キール大学私講師
1883	死亡	(28歳)
1887		『ゲマインシャフトとゲゼルシャフト』初版刊行
1921		『カール・マルクス』刊行
1936		死亡

　マルクスは1818年に生まれて1883年に死んだ。1855年に生まれたテンニースはマルクスの晩年28年間を見ながら生きた。テンニースはドイツにおけるマルクスあるいはマルクス主義の影響を受けて育ったということも出来よう。テンニースは、生涯にわたる親友パウルゼンへの手紙のなかで、1878年にはすでにマルクスに取り組んでいたと言っているという（飯田［1991］72頁）。また本書の序文のなかにも、そこのことをうかがえさせる文章がある。1921年に刊行された原書の中で「42年以上にわたって、……マルクスを理解し、彼から学ぶことを心がけてきた」とあるのがそれである。1878年と言えば、テンニースがまだ22、3歳のころで、マルクスは『資本論』の著者としても、第一インターナショナルの理論的指導者としても、既に最重要な人物であった。テンニースは多感な青年期にマルクスの思想から強い影響を受けていたものと思われる。テンニースは『ゲマインシャフトとゲゼルシャフト』の初版の副

訳者あとがき　*253*

題を「経験的文化形式としての共産主義と社会主義」としている。「ゲマインシャフト」や「ゲゼルシャフト」という聞きなれない言葉よりは、「共産主義」、「社会主義」のほうが人口に膾炙していたからかもしれないが、テンニースが青年のころから「共産主義」、「社会主義」に親しみを持っていたからでもあろう。そしてこのことにも、この時代におけるマルクスの影響を感ぜずにはおられない。

　また、パッペンハイムによれば、テンニースは「社会学への入門のために」（Zur Einleitung in die Soziologie ）で、「ゲゼルシャフトの過程を論じたときに、著者は近代の社会を念頭においていたし、またその際に、当然、カール・マルクスの行った、それの運動法則の暴露を利用した。これは学識ある読者のたやすく認めるところであろうし、また書物の序文のなかで明白に告白しておいたことである」と書き、この文章の脚注のなかで、「1887 年には社会学の理論に対するマルクスの意義を認めたり、それについて実際に特別の言及をすることは、まだおこなわれていなかったから」マルクスの概念の重要性について述べたことを、自分は誇りに思っている、書いた、という（パッペンハイム［1960］の注第 4 章の 17）。これは、マルクスへ早期に着目したことにたいするテンニースの自負であろう。テンニースはそのことによって、自分に「社会民主主義」への傾倒が見られるとされることは意に介さなかった。そのことは、『ゲマインシャフトとゲゼルシャフト』第二版 (1912 年) の序文に、堂々と『資本論』初版の序文を掲げていることからもうかがえる。

　テンニースは早くから社会民主主義に傾倒した。おそらくは

マルクスの影響もあったのであろう。テンニースは 1881 年にはキール大学の私講師になっているが、正教授になったのは、30 年以上も後の、1913 年である。なにやら、1924 年に東北（帝国）大学の助教授になりながら 20 年近くも助教授のままであった宇野弘蔵のことを思い出すが、宇野と同様、テンニースもその思想傾向を疑われたのではないか。1896 年にハンブルクの港湾労働者がストライキを行った際に、テンニースはそれを支持している。そういうことから長く正教授のポストから遠ざけられたのではないかという、次のような指摘がある（飯田［1991］33 頁）。

　　社会の現実的諸問題にたいしての見解表明によって、テンニースが不可避的に世界観や党派性の強い性格の政治的論議に巻き込まれたことは、しごく当然であろう。／……プロイセンの文部大臣の側にはテンニースに対する政治的な疑念、つまり彼がいわゆる社会主義者もしくは社会民主主義者ではないかという疑念があった……（長い間、正教授になれなかったのも、そのことが影響していたのではないか）。

　本書の著者の序文には、マルクスの伝記を書いたメーリンクのことを巡って次のような文章がある。

　　メーリンクは、彼の友人であったローザとカールが「死んだときに」、逝ったのであり、エーベルト、シャイデマン、ノスケの社会主義政権がメーリンクの命を奪ったのである。メーリンクの本を読んで、スパルタクス的傾向がこの本を強く彩っていると思う読者はいないであろうが、この本は実際は熱烈な共産主義者の著作なのである。

訳者あとがき　255

エーベルト、シャイデマン、ノスケらはたしかに、ドイツ社会民主党の党員ではあったが、彼らの政権を社会主義政権と呼んでいいかは疑問が残る。それはともかく、テンニースがメーリンクの死を悼んでいることは確かだ。テンニースは、このメーリンク、ローザ（ルクセンブルク）そしてカール（リープクネヒト）──三人はともにスパルタクスブントのメンバーであり、1919年に死亡し、あるいは暗殺された──と同じ時代の空気を吸った人間であった。またテンニースは1894年には、ロンドンで晩年のエンゲルスと会っている。テンニースはそういう時代の人であった。

テンニースとマルクスの類似性、あるいはマルクスがテンニースに与えた影響については、多くのことが言われている。例えば、パッペンハイム［1960］（91頁〜93頁）では、「マルクスとテンニエスの類縁性」について次のような指摘がある（なお、同書177頁の訳者「あとがき」によれば、『近代人の疎外』の原著には、「マルクスとテンニエスとにもとづく説明」という副題がつけられていた）。

- ……資本主義経済についてのマルクスの学説と、テンニエスのゲゼルシャフトの概念との間には、いちじるしい類縁がある。そしてテンニエスはこの事実に十分よく気づいていた。『ゲマインシャフトとゲゼルシャフト』の第一版の序文のなかで、……カール・マルクスの名をあげ、彼を「ほかでもなくまさに、この経済的な見方の発展という点に関しては、もっとも注目すべき、また深遠な社会哲学者」として特徴づけている。……テンニエスは、彼の生涯を通じ

て、マルクスの理論上の仕事に対する尊敬をずっともちつ
づけた。……彼の著書『マルクス・その生涯と学説』は批
判的な見地から書かれたものであるが、彼はその中で、自
分のゲゼルシャフトの学説と、マルクスがユダヤ人問題に
関する有名な論文の中で提出している説明とが一致してい
ることを躊躇なく認めている。

• マルクスとテンニエスとの見解の親近性は、彼らの社会
学説だけにとどまるものではない。テンニエスは、経済史
観の主張に基本的には賛成であることをしばしば言明し
た。

また、飯田［1991］はテンニースの研究者カーンマンが次の
ように言っていることを紹介している（同書 22 頁）。

「テンニースとマルクスとのちがいは、マルクスにおいて
は資本主義がゲゼルシャフトを生み出すのにたいして、テ
ンニースにおいてはゲゼルシャフトが資本主義を生み出す
ということにある」

飯田哲也もマルクスがテンニースに与えた影響を次のように
指摘している（飯田［1991］）。

……彼（テンニース：引用者）が一人の「思想家」として
全体的に論及……したのは、ホッブスとマルクスの二人だ
けである。（56 頁）

……テンニースの社会学理論の形成にあたって（とりわけ
ゲゼルシャフトの理論の具体的展開にあたって）、マルク
スがきわめて重要な位置を占めていることは、容易に推察
できるところであろう。（67-8 頁）

勿論、マルクスからの影響を受けたということは、テンニー

訳者あとがき 257

スがマルクスと同じ考えや意見を持っていたということを意味するわけではない。テンニースはその理論形成においてマルクスからの影響を強く受けながらも、マルクスの唯物史観的見方とテンニースの倫理観に重きを置く考え方との間には大きな差がある。テンニースとマルクスの類似性と差異性をどう見るかは大きな問題である。飯田は次のように言う。

　（テンニースの）主著における「ゲゼルシャフトの理論」の叙述には、主要な用語の採用も含めて、マルクスの見解と重なる部分（類似点）がきわめて多いのである。しかし、他方では、テンニースがマルクスに学びながらもその根本的思惟に批判的であったことも、彼のマルクスにたいする諸見解に認められるのであり、その相違──とりわけ倫理的なものを重視するという特質──こそがテンニースの独自の現実世界を構成していたと考えられる。（飯田［1991］201頁）

テンニース自身は本書の序文で、こう言っている。

　私のこの論考のなかにも私自身がいることを明瞭にそして十分に読み取ってもらえるのではないか。42年以上にわたって、自分の考えの特性と自立性とを失うことなしに、マルクスを理解し、彼から学ぶことを心がけてきた私自身を、である。

　こうした「自分の特性と自立性」を維持しえたからこそ、マルクスに対する批判（本書第Ⅱ部Ⅴ）が展開できたのであろう。問題はテンニースの「自分の特性と自立性」がマルクスの考えとどのように違い、そのことがどのような違いをもたらしたかである。これに関しては、本書第Ⅱ部Ⅳ、Ⅴを丁寧深く読むこ

とを薦めたい。

　テンニースのマルクス学説批判は、私から見ても、違和感を覚えるものもある。しかしそのまま訳出するだけにして、ここでこの違和感に触れるのは控えることにしたい。このテンニースによる批判については「読者がそれぞれ判断すべきものだ」と思うからである。

　私から見れば、テンニースはマルクスの理論に批判的だったように思われるが、一方で、テンニースは労働組合や協同組合運動に積極的に参加し、またフィンランドやアイルランドの独立運動を支援したといわれる。そして晩年には公然とナチス批判を行った（それによって、テンニースはキール大学名誉教授の座も追われることになる）。実際、本書でのテンニースはマルクスに対しては、その理論を社会学者の視点から批判する一方で、マルクスの人となりに対しては好意的な面さえある。ただ、このテンニースの行動についての評価も避けたい。これもまた「読者がそれぞれ判断すべきものだ」と思うからである。

　テンニースが死んで、もう 80 年が過ぎた。いまやテンニースは『ゲマインシャフトとゲゼルシャフト』の著者として以外は、忘れられた人間といっていい。また、テンニースの仕事は、『ゲマインシャフトとゲゼルシャフト』を除き、日本では本書（„Marx. Leben und Lehr“）を含めてほとんど知られていない。テンニースの研究者ではない私も、当然のことながら、テンニースにこういう作品があることを、少し前まで知らなかった。

　それなのにどうして今更本書を翻訳するのかと言えば、2018 年がマルクス生誕 200 年にあたり、マクルスが、「左翼」の非

訳者あとがき　259

マルクス主義者たちにどう受け止められてきたのか、その限界や誤解をどう指摘されてきたのかを見るいい機会だと思ったからにほかならない。

2017年の秋から2018年の3月まで、16回にわたって「ちきゅう座」（Web Site）にこの翻訳の前半部分（第一部）を連載した。当初の予定では、第二部を含め、全文を翻訳し、それを分割して掲載するつもりでいた。しかし、この連載を見た関係者より、第一部の連載を終えた時点で、連載を中断し、未掲載のままとなってしまう第二部（12回の連載を予定していた）と併せて一冊の本としたらどうかという提案があった。

それは、2018年が「マルクス生誕200年」にあたるということが大きな理由であった。2018年のことは、訳文の「ちきゅう座」掲載時の途中から気づいていた。それで、訳文を分割掲載するよりは、できるだけ読みやすい形で読者に提供したほうがいいのではないかと思い、上記の提案に従うこととした。この翻訳の一部（前半）は「ちきゅう座」での連載を若干の修正のうえ、統合したものである。

翻訳について

テンニースは、原著の序文で次のように書いている。
　　マルクスの著作について厳密な研究をしたり、彼の生涯とその著作に関する膨大な文献を読んだりするためには多くの時間と労力を必要とする。しかしマルクスを知るためにそれだけの時間と労力を向けることのできない人や、またそういう意志のない人もいる。この論稿は主としてそうい

う人たちのために書かれたものである。

しかし素朴な感想としては、本書でのテンニースの文章はマルクスを短時間で理解しようとする読者にとってはあまりにも難解である。

テンニースの主著『ゲマインシャフトとゲゼルシャフト』には杉之原寿一の邦訳がある（岩波文庫、1957年）。その訳者による「まえがき」には、こうある（上巻4頁）。

　　原著は極めて難解な書物であるため、原文をそのまま日本語に移しかえただけではわかりにくい箇所も多いので、そのような部分については、註を加えたり、原文にない字句をかなり補ったり、あるいは敷衍したりした。

本書の原文もまた、「マルクスを短時間で理解しようとする」読者に向けて書かれたものでありながら、テンニースが書いた文章であるせいか、「極めて難解」であった。その一例が文や段落の異常な長さである。原著では77頁からマルクスの理論が紹介される。その直後の78頁の13行目から、なんと96頁の10行目まで、改行は一箇所もない。18ページにわたって、『資本論』第1巻の要約が延々と続けられる。また17行にもわたって、ピリオドなしに続く文もある（原著144頁〜5頁）。「マルクスを知るために多くの時間と労力を向けることのできない人や、またそういう意志のない人」のためにはこれはあまりに不親切である。翻訳では、読みやすさを優先して、多くの段落を設けた。また、どうしても原語を残しておいたほうがいいと思ったものは《　》で囲っておいた。

テンニースの文章が格調高いドイツ文だとしたら、その香りを残したまま、それを日本語に置き換える能力は私には無かっ

た。彼の語らんとすることを普通の日本語に置き換えることだけを心掛けた。また、どうしても必要と思われる訳語の補充（［　］で示した）は別として、訳者としての注はほとんど付けなかった。例外的に付した場合は、（　：訳者）で示した。主たる理由は、それが書けるだけの知見が私にないからであるが、テンニースの語らんとすることをそのまま伝えるためには、解説的な注はつけないほうがいいとも思ったからでもある。

　この他に、断っておくべきことが少なくとも二つある。原著では何か所か『資本論』の具体的頁を指定して、マルクスの主張をまとめたり、原文を引用したりしている。本来であれば、これに対応する邦訳『資本論』の頁を書き記すべきなのであろうが、その意味は薄いと考えて、これを放棄した。いちいち原文にあたるのは、「マルクスを知るために多くの時間と労力を向けることのできない人や、またそういう意志のない人」には、あまりにも過酷である。

　また逆に、原文にはなかった小見出し（「節」の題名のようなもの）を付けた。それは原文には章しか設けられておらず、もう少し区切ったほうが理解しやすいと考えたからである（第Ⅱ部Ⅲには小見出しがないが、それはこの節が10個の番号を付されて書かれていて、それ以上の区分は必要ないと思ってのことである）。

　訳文は「ちきゅう座」掲載分を含めて何回か見直したが、それでも誤訳からは免れてはいない可能性がある。それは訳者の非才のみに責任がある。昔読んだ雑誌（『論座』2007年9月号）に加藤晴久という人物が「その原語を話し言葉として自由に操

れるのでなければその言語での文献の翻訳はすべきではない」という趣旨のことを書いていた文章を見つけたことがある。このとき、そのとおりではないかと思った。また、今もそう思っている。単語の意味を置き換えるだけの「翻訳」（それを翻訳と言えればの話だが）など、ほとんど意味はないのである。もっともそうなると、私は本書の翻訳を行なうできではないことになってしまう。「その原語を話し言葉として自由に操れる」ことは私には不可能と思われるからだ。

　そういう中で原稿をまとめたのは、二人の恩師に対する「負債」を奇麗にしておきたかったからに他ならない。

　二人の「恩師」に対する「負債」とは次のようなものだ。ひとつは、故山田潤二教授（1907 年 -1988 年）に対してである。山田教授の専門は、古典語（ギリシャ語、ラテン語）であったが、古典語を習った記憶はない。大学（横浜国立大学）時代、ろくに教室にも行かなかった私に山田教授は辛抱強くドイツ語を教えて下さった。多分、その時の私の語学の才能のなさを見透かされたのであろう。必修科目としてのドイツ語以外の言語の勉強を薦められたことはなかった。ドイツ語も教えていただいていた当時は苦痛でしかなかったが、それでも辞書を片手になんとかドイツ語の本が読めるようになった。そのおかげで私は読書の幅を広げることができた。山田教授は、この翻訳を読まれたら、「自分は君にこんな翻訳をするような教え方をした覚えはない」と怒られるかもしれないが、山田教授との出会いがなかったら、私はドイツ語で書かれた本を読むことなどはなかったはずである。

　もうひとつは、故渡邊寛教授（1931 年 -1997 年）に対する

訳者あとがき　263

ものである。テンニースの原文を知ったのは、1991年3月（7日）のことである。当時東北大学におられた同教授から全文のコピーが届けられた。東北大学で、渡邊教授と二人だけのゼミをやり、その際に渡邊教授は私のドイツ語の力の貧弱さを知っておられたはずなのだが、「もう少し勉強しろ」という意味だったのかもしれない。同封されていた手紙には、翻訳を薦められると同時に、「この本の存在は殆ど知られていないと存じます」と書かれていた。実際、あちこちで調べてもこの本は容易に見つからなかった（渡邊教授はこの本を仙台の古本屋の店頭で見つけて買ってきたと言われたことがある。私自身はその後何年かかかって、ある古書店からやっと届けてもらった）。渡邊教授からこのコピーを頂からなかったら、この本を知ることも、それを翻訳することもなかった。

　もう二人の恩師は、今はともに泉下におられる。それでも自分の生きているうちに報告はしたかった。これが、ドイツ語を「話し言葉として自由に操れる」とは程遠い状態で、敢えて翻訳を行った理由である。拙いものではあるが、この訳書をもって学恩に対する「ひどく遅れた報告」としたい。まさか、マルクスの生誕200年のこの年まで自分が生きながらえるとは思っていなかったが、これでようやく半世紀前にドイツ語を手取り足取り教えてもらったことと、30年近く前に翻訳を託されたこととの、「負債」を払えることになる。それらのことに感謝したい。

　最初にも述べたように、拙劣な翻訳であり、誤訳の危険性も多分にある。これについては、大方の批判を期待するしかない。

今回もまた、社会評論社の松田健二氏にお世話になった。厳しい出版事情の下でこの訳書の刊行を引き受けてもらえることになった。お礼を申し上げたい。

2018 年 冬

人名索引

ア

アトキンソン (Atkinson) *55*

アルテンシュタイン (Altenstein) 大臣 *20*

ウ

ヴァイトリング (Weitling) *65*

ウェークフィールド (Wakefield) *174*

ヴェストファーレン、イェニー (Westphalen,Jenny) マルクス夫人 *19, 20, 110*

ヴェストファーレン、ルードウィッヒ (Westphalen,Ludwig) 枢密顧問官、マルクスの義父 *21*

ウェストン (Weston) オーウェンの支持者 *116, 117*

ヴォルフ、「赤毛の」(Wolff, "Der rote") *58*

ヴォルフ、クリスチアン (Wolf, Christian) *207*

エ

エカリウス (Eccarius) 仕立て職人 *112*

エドモンド (Edmonds) *55*

エンゲルス (Engels) 多くの頁に

オ

オーウェン (Owen) *47, 201, 247*

オズヴァルト、フリードリッヒ (Oswald, Friedrich) エンゲルスの筆名 *36*

カ

カーライル (Carlyle) *36, 42*

ガッサンディ (Gassendi) *42*

カベー (Cabet) フランスの社会主義者 *50*

ガリレイ［ガリレオ］(Galilei) *42*

カント (Kant) *23, 207, 208*

キ

ギエレク、O (Gierke, O) *10*

ギゾー (Gizot) 大臣 *27*

ギョーム (Gillaume) バクーニンの支持者 *128*

266

ク

クーゲルマン (Kugelman) ハノーバーの医師 *118*

クーパー (Cooper) *55*

ケ

ゲイ (Gay) フランスの共産主義者 *47*

ゲード (Guesdé) *132*

ケネー (Quesnay) *55*

コ

コンシデラン (Considérant) *23*

コント (Comte) *10*

サ

サドラー (Sadler) *55*

シ

シェッフル (Schaeffle) *10*

シェリング (Schelling) *46*

シスモンディ (Sismondi) *55, 192*

シャパー (Schapper) *102*

シュヴァイツァー、フォン (Schweitzer, v) *121, 130*

シュタイン、ロレンツ (Stein, Lorenz) *24, 27, 63, 69*

シュタウディンガー、フランツ (Staudinger, Franz) *9* （脚注）,
　　247 （脚注）

シュティーバー (Stieber) *102*

シュティルナー、マックス (Stirner, Max) *49, 51, 68*

シュトラウス (Strauß,Dav.Fr.) *19, 28*

シュルツェ＝ゲベルニッツ (Schulze-Gaevernitz) *9* （脚注）

ジョージ、ヘンリー (George, Henry) *132*

ショーペンハウエル (Schopenhauer) *46, 212, 214, 216*

ス

ストーシュ (Storsh) *55*

スパーゴ、ジョン (Spargo, John) *7*

スペンサー、ハーバート (Spencer, Herbert) *10*

スミス、アダム (Smith, Adam) *54, 143, 145, 183*

セ

セイ (Say) *55*

ソ

ゾルゲ (Sorge) *131, 134, 242*

ゾンバルト (Sombart) *9*（脚注も）, *24, 40, 91, 153, 196, 203, 205, 226, 247*（脚注）

タ

ダーウィン (Darwin) *137, 214*

ツ

ツガン゠バラノフスキー (Tugan-Baranowsky) *9, 212*（脚注）

テ

ディーナ (Dana) *96*

ディビー (Davy) *38*

デカルト (Descartes) *42*

デザミ (Dezamy) 共産主義者 *46*

デューリング (Dühring) *131*

デルボア (Derboy) パリ大司教 *126*

ト

ドゥンカー、フランツ (Dunker, Franz) 出版者 *104*

トムソン、ウィリアム (Thomson, W) *55*

トライチュケ (Treitschke) *6*

トルバン (Tolvin) フランスの労働運動指導者 *112*

ナ

ナポレオン一世 (Napoleon I) *124*

ハ

パーマストン (Palmerston, Lord) *95, 98, 108*

ハイネ、ハインリッヒ (Heine, Heinrich) *26*

ハインツェン、カール (Heinzen, Karl) *70, 73, 74*

ハインドマン (Hyndman) *132*

バウアー、エドガー (Bauer, Edgar) *45*

バウアー、ブルーノ (Bauer, Bruno) *19, 20, 21, 28, 31, 32, 40, 42, 45, 49, 107*

バクーニン (Bakunin) *7, 26, 121, 122, 127-129*

ハッツフェルト (Hatzfeld) 伯爵夫人 *111*

バロ (Barrot) 大臣 *87*

ハンフリー (Humphrey) *38*

268

ヒ

ビーズリー、スペンサー (Beesley, Spencer) イギリスの歴史学教授 *116*

ビール (Beer) *8, 9*

ビスマルク (Bismarck) *108, 122, 123, 129-132*

フ

フーゴー (Hugo) 騎士 *22, 23*

フーリエ (Fourier) *49*

フール (Fould) フランスの財務大臣 *87*

フォアレンダー (Vorländer) *9*（脚注）

フォイエルバッハ (Feuerbach) *19, 28, 41, 42, 45-49, 68, 207, 210, 211*

フォークト、カール (Vogt, Karl) *104, 108*

フライリッヒラート (Freiligrath) *79, 102, 107*

ブランク、エミール (Blank, Emil) エンゲルスの義弟 *67*

フリードリッヒ・ウィルヘルム三世 (Friedrich Wilhelm III) プロシャ皇帝 *18*

プルードン (Proudhon) *23, 27, 47, 50, 53, 54, 57, 65, 70, 103*

ブルンチュリ (Bluntschli) *65*

ブレイ (Bray) *55*

プレンゲ (Plenge) *9*（脚注）

ヘ

ヘーゲル (Hegel) *18, 19, 31, 34, 46-48, 52, 93, 105, 106, 193, 194, 207, 210, 211*

ベーベル (Bebel) *130*

ヘス (Heß)

　ヘス、モーリッツ (Heß, Moritz) *49*

　ヘス、モーゼス (Heß, Moses) *63, 64, 66, 68*

ベッカー (Becker, Joh. Phlipp) *117*

ペティ、ウイリアム (Petty, William) *143*

ベデカー (Baedeker) バルメンの書籍出版者 *67*

ベニグセン (Bennigsen, v) *118*

ヘルヴェーク (Herwegh) *39, 77*

ベルフォート＝バックス (Belfort-Bax) *132*

ベルンシュタイン (Bernstein) *9*（脚注）*, 72*

ホ

ボアギュベール (Boisguillert) *55*

ホッブス (Hobbes) *42*

ボナパルト、ルイ　ナポレオン (Bonaparte, Louis Napoleon) *88-*

90, 92, 103, 108
ホプキンス (Hobkins) *55*

マ

マイスナー、オットー (Meißner, Otto) ハンブルクの出版者 *118*
マイネ、サー・ヘンリー (Maine, Sir Henry) *10*
マイヤー、グスタフ (Meyer, Gustav) *7, 64*
マカロック (McCulloch) *36*
マサリク (Masaryk) *9, 212*（脚注）
マルクス、ラウラ (Marx, Laura) *133*
マルサス (Malthus) *37*

ミ

ミッケル (Miquel) *107*
ミル、ジョン　スチュアート (Mill, John, St.) *55, 122*

メ

メーリンク (Mehring) *5-7, 9*（脚注）

モ

モスト (Most) *131*
モル (Moll) *59*
モルガン、ルイス (Morgan, Lewis) *219*

ラ

ラウダーデール (Lauderdale) *54*
ラッサール (Lassalle) *7, 104, 106, 107, 109-111, 130, 136, 242*
ラトー (Rateau) *87*
ラファルグ、ポール (Lafargue, Paul) マルクスの娘婿 *132, 133*
ラマルク (Lamarck) *214*

リ

リービッヒ、ユステュス (Liebig, Justus) *38*
リープクネヒト、ウィルヘルム (Liebknecht, Wilhelm) *107, 111,*
    115, 123, 129, 130, 134
リープクネヒト、カール (Liebknecht, Karl) *6*
リカード (Ricardo) *36, 53, 54, 143, 145, 190, 192*
リスト (List) *39*
リャーザノフ (Rjasanoff) *95, 98*

ル

ルイ・フィリップ (Louis Philippe) フランスブルジョア王政時の
    王 *85*

ルーゲ、アーノルド (Ruge, Arnold) *21, 25, 26, 28, 42, 44, 64, 70*
ルートヴィッヒ一世 (Ludwig I) バイエル王 *26*
ルクセンブルク、ローザ (Luxemburg, Rosa) *6*
ルソー (Rousseau) *34*
ルモンティ (Lemontey) *55*
ルロー (Leroux) *23*

レ

レオポルド (Leopold) ベルギー王 *77*

ロ

ロー、ジョン (Rae, John) *132*
ロンゲ、イェニー (Longuet, Jenny) 旧姓マルクス *133*
ロンゲ、シャルル (Longuet, Charles) マルクスの娘婿 *133*

ワ

ワーグナー (Wagner) *10*

索　引 *271*

事項索引

い

インターナショナル（または国際労働者協会）*112, 115-118, 120-122, 125-129,198*

か

階級闘争 *57, 70, 71, 76, 85, 190, 191, 196-198, 217, 242, 245, 247, 248*
革命 *26, 33, 34, 44, 45, 50-52, 70, 82-90, 94, 123, 156, 207, 215, 217, 245*
　社会革命 *44, 57, 73, 82, 86*
　政治的革命 *33, 44, 57, 205*
　プロレタリア革命 *50, 75, 83, 88, 99, 105, 246*
価値 *37, 53, 54, 144-150, 152, 155, 156, 164, 165, 167, 168, 170, 176, 177, 181, 185, 189, 192,194, 195, 221, 222, 224, 226-229, 231, 232, 234-238*

き

機械制 *73, 199, 154*
急進主義 *28, 41, 44*
共産主義 *23, 25, 41, 46, 48-50, 63-76, 82, 93*
共産主義者 *6, 27, 46, 53, 55, 56, 67, 69, 72, 82, 83*
競争 *36, 38, 54, 73, 143, 144, 150, 158, 159, 164, 167, 169, 176, 177, 179, 187, 227, 228, 239, 247*
協同 *114, 151, 164, 186, 199, 201, 204, 223, 239-241*

こ

国家 *28, 31, 32, 34, 43, 52, 65, 78, 100, 101, 114, 123, 132, 157, 198, 202, 211*
国民経済学 *39, 43, 47, 51, 53, 143, 193, 202*

し

資本 *18, 37, 38, 72, 73, 81, 86, 87, 90, 99, 100, 103, 143, 144, 146, 147, 149-153, 156, 158, 160-171, 173-185, 187, 189, 222-226, 228, 230, 231, 236, 237, 239, 249*
資本家的生産様式 *150, 151, 153, 155, 159-161, 164, 165, 168, 169, 173, 180, 182, 184-186, 190-192, 195-197, 201, 202, 204, 217, 224-226, 230, 231*
資本主義 *138, 173, 177, 184, 188, 216, 218, 225, 226, 234*
社会主義 *9, 24, 39, 41, 44, 46, 49-51, 63, 66, 68, 69, 71, 73, 131, 203,*

217, 242

社会主義者 *45, 49, 55, 56, 65, 69, 78, 87*

社会民主党 *63, 87, 129*

自由主義 *34, 107*

剰余価値 *145-150, 157, 158, 162-164, 166, 176-178, 180, 183, 185, 192, 193, 221, 223, 224, 226, 227, 231, 234*

せ

政治経済学 *51, 113, 143, 190, 191, 196, 197, 249*

ち

蓄積 *166-173, 180, 181, 226*

チャーチスト *57, 60, 61, 64, 65, 69, 82, 95, 98, 115*

チャーチズム *47, 69, 82*

て

哲学 *18-20, 22, 27, 28, 30, 31, 41, 42, 45-47, 49-52, 65, 66, 93, 107, 109, 115, 187, 208, 210, 211, 215, 216*

　法哲学 *28-30, 52, 137, 207*

ひ

貧困 *43, 170*

ふ

ブルジョアジー *18, 43, 44, 51, 55, 57, 61, 66, 69-71, 74, 79, 82, 83, 85, 86, 89, 90, 108, 172, 189, 201, 246*

ブルジョア社会 *21, 32-34, 43, 52, 54, 57, 61, 73, 75, 99, 190, 200*

プロレタリア *18, 44, 51, 55, 57, 69-71, 135*

プロレタリアート *18, 30, 44, 53, 55, 57, 58, 61, 66, 69-71, 74, 76-79, 82-89, 101, 170, 172, 173, 186, 188, 191, 196, 198, 205, 208, 250*

分業 *54, 144, 151-154, 157, 159, 160, 187, 236, 247*

ま

マニュファクチュア *151-155, 158-160, 162*

ゆ

唯物論 *42, 46, 48, 49, 91, 92, 131, 190, 212*

ユダヤ人問題 *31, 34, 40*

り

利潤率 *117, 176, 177, 179-183, 185, 226-228*

ろ

労働 *18, 34, 37, 38, 54, 72, 73, 81, 114, 115, 142-153, 155, 157-165, 167-171, 173-175, 180, 183-185, 187-189, 192, 194, 195, 200, 213, 218, 221-228, 230-232, 234, 237-239, 247*
労働運動 *50, 57, 58, 60, 69, 109, 111, 121, 123*
労働者 *43, 54-57, 61, 72, 73, 82, 85, 88, 93, 101, 111-114, 116, 118, 121, 126, 138, 148, 149, 151-168, 171-174, 181, 187, 195, 198, 200-202, 221-225, 227, 229-231, 234, 235, 237-242, 247-249*
労働者階級 *18, 51, 68, 69, 73, 79, 87, 108, 109, 112-115, 117, 124, 126, 138, 139, 160, 161, 166, 169-171, 185, 186, 199-203, 241, 248*

原著索引にはない事項にかかる索引

価格 *54, 117, 144, 148, 155, 163, 165, 174, 176-180, 192, 227, 232, 238, 239*
管理者 *199, 222, 223*
共同体 *32, 33, 63, 70, 213, 218, 234, 239, 245*
古典派経済学（または古典派政治経済学）*143-145, 183, 186-193, 197*
弁証法 *137, 193-195, 216, 218, 224, 225*
倫理（的）*34, 63, 148, 189, 204, 241-244, 248*

＊原著の事項索引にはない事項で、訳者の判断で加えること
にしたものをまとめた。

◎著者紹介

片桐幸雄（かたぎり・さちお）
　1948 年　新潟県に生まれる
　1973 年　横浜国立大学卒業、日本道路公団入社
　　　　　同公団総務部次長、内閣府参事官（道路関係四公団民営
　　　　　化推進委員会事務局次長）等を歴任し、2008 年定年退職
　・主たる論文と著書
　　〈論文〉
　　「1931 年のクレジット・アンシュタルト（オーストリア）の
　　危機と東欧農業恐慌の関連性について」（『研究年報　経済学』
　　（東北大学経済学会、第 52 巻第 2 号、1990 年）
　　「国際通貨の何が問題か」（『経済理論学会年報第 35 集』経済
　　理論学会編、青木書店、1998 年）
　　〈著書〉
　　『国際通貨問題の課題』批評社、1996 年
　　『スラッファの謎を楽しむ―「商品による商品の生産」を読
　　むために』社会評論社、2007 年
　　『なぜ税金で銀行を救うのか―庶民のための金融・財政入門』
　　社会評論社、2012 年
　　『左遷を楽しむ―日本道路公団四国支社の一年』社会評論社、
　　2015 年

社会学者の見たマルクス――その生涯と学説
2019 年 3 月 10 日　初版第 1 刷発行

著　　者―――フェルディナント・テンニース
訳　　者―――片桐幸雄
装　　幀―――右澤康之
発行人―――松田健二
発行所―――株式会社 社会評論社
　　　　　　東京都文京区本郷 2-3-10
　　　　　　電話：03-3814-3861　Fax：03-3818-2808
　　　　　　http://www.shahyo.com
組　　版――― Luna エディット .LLC
印刷・製本――倉敷印刷 株式会社
Printed in japan

片桐幸雄の本

● 社会評論社

スラッファの謎を楽しむ

『商品による商品の生産』を読むために

A五判二八〇頁　定価：本体三四〇〇円＋税

ピエロ・スラッファはイタリア・トリノ生まれ。ケンブリッジ大学の経済学者。イタリア共産党員グラムシ、哲学者ヴィトゲンシュタインと親交があり、二〇世紀の経済学の巨人と言われた。スラッファの Puzzling book を推理する。謎を考える過程で、スラッファが新古典派経済学をどう批判しようとしたかについて、自分で考えるようになる。それこそが、経済学の教科書化を克服するための最も有効な方法だといえる。

なぜ税金で銀行を救うのか

庶民のための金融・財政入門

四六判二〇八頁　定価：本体一七〇〇円＋税

金融機関はなぜ倒産されずに救済されるのか。なぜ庶民の税金が金融機関の救済に充てられるのか。資本主義はどういう意味において「正気を失っている」のか。金融論や財政学を学ぶことが庶民にとって意味があるとしたら、こうした疑問を解くことではないだろうか。庶民の普通の感覚から遠く離れたような議論がどうして展開されるのかを理解し、経済学者や財政学者にごまかされないようにすることである。

左遷を楽しむ

日本道路公団四国支社の一年

四六判二一六頁　定価：本体一八〇〇円＋税

高松での左遷暮らしは一年と半月で終わり東京にもどされた。東京での「飼い殺し」の生活は公団が解散するまで続いた。この間どのように日々の生活を楽しみながら暮らしたかを辿ってみた。左遷の「恐怖」にさらされている人たちに、ひょっとしたら参考になるかもしれない。